Ricarda Nolte

Kleine Muffins ganz groß

Ricarda Nolte

Kleine Muffins
ganz groß

Inhalt

Tipps und Tricks für die Muffinsbäckerei

Muffins sind schnell und einfach zubereitet, bieten unendliche Variationsmöglichkeiten, sehen verführerisch aus und schmecken köstlich. Mit Muffins werden Sie bei großen und kleinen Genießern immer wieder Begeisterungsstürme entfachen. Damit Ihnen die Muffinsbäckerei von Anfang an gelingt, steht hier, worauf es dabei ankommt.

So gelingt das Backen

Alle Rezepte in diesem Buch beziehen sich auf ein Blech mit zwölf Vertiefungen für Muffin-Standardgröße. (Im Unterschied dazu gibt es auch noch Mini- und Maxi-Muffins.) Ein Verzeichnis der verwendeten Abkürzungen finden Sie auf Seite 8.

Die Backform

Wenn Sie Papier-Backförmchen benutzen, brauchen Sie die Vertiefungen des Backblechs nicht einzufetten, ansonsten muss das Blech gut gefettet werden, damit die Muffins nicht kleben bleiben. Die Vertiefungen dürfen immer nur zu ¾ mit Teig gefüllt werden, da der Teig beim Backen noch aufgeht und bei randvoller Füllung überquellen würde.

Der Teig

Wichtig für die lockere Konsistenz der Muffins ist, dass die Zutaten nur so lange miteinander verrührt werden, bis die trockenen Zutaten »befeuchtet« sind. Durch zu langes Rühren können sie zäh werden.

Am besten rührt man Muffins von Hand mit einem Teigschaber oder Rührlöffel. Wenn Sie ein elektrisches Rührgerät verwenden, nehmen Sie die Knethaken, und stellen Sie einen langsamen Gang ein.

Temperaturen und Backzeiten

Die Muffins sollten immer in den vorgeheizten Backofen geschoben werden, damit sie schön aufgehen und eine lockere Konsistenz bekommen. Die Angaben zur Backzeit beziehen sich auf Ober/Unterhitze. Bei Umluftherden reduzieren Sie die Temperatur um 15 bis 20 °C bei gleichbleibender Backzeit. Bei Gasherden richten Sie sich bitte nach den Umrechnungsangaben des Herstellers.

Die Garprobe

Um festzustellen, ob die Muffins gar sind, machen Sie die Stäbchenprobe: Stecken Sie ein Holzstäbchen in die Mitte eines Muffins. Wenn beim Herausziehen keine Teigreste kleben bleiben, sind die Muffins fertig gebacken. Auf Fingerdruck sollten sie nachgeben und nach Wegziehen des Fingers wieder ihre ursprüngliche Form annehmen. Mit ein wenig Erfahrung können Sie auch am Bräunungsgrad der Muffins feststellen, ob sie bereits gar sind.

Muffins aus der Form lösen

Lassen Sie die Muffins nach dem Backen immer 5 bis 8 Minuten in der Form abkühlen, bevor Sie sie herausnehmen. Die Muffins aber nicht völlig in der Form auskühlen lassen, da die noch verbliebene Feuchtigkeit sonst ausschwitzt und die Muffins klebrig werden.

Muffins auf Vorrat

Muffins schmecken am besten lauwarm, frisch aus dem Ofen. In Frischhaltefolie verpackt und im Kühlschrank gelagert halten sie sich auch bis zu 4 Tage frisch. Frieren Sie überzählige Muffins ein und backen sie dann nach dem Auftauen im Ofen (5 Minuten bei 180 °C) oder in der Mikrowelle auf. Auch der Teig eignet sich gut zum Einfrieren. Füllen Sie ihn in die Muffinform, und stellen Sie diese ins Tiefkühlfach, bis der Teig gefroren ist. Nehmen Sie die Teigteilchen heraus und frieren sie luftdicht abgepackt in Gefrierbeuteln wieder ein. Zum Verzehr setzen Sie die gefrorenen Muffins in das Blech und backen sie 5 bis 10 Minuten länger, als im Rezept angegeben.

Verwendete Abkürzungen

EL	= Esslöffel	gem.	= gemahlen
TL	= Teelöffel	ger.	= gerieben
g	= Gramm	Pck.	= Päckchen
ml	= Milliliter	TK	= Tiefkühlware
cl	= Centiliter		

Muffins-Dekorationen

Muffins pur schmecken natürlich schon köstlich, aber zum richtigen Verführer werden sie erst mit den typischen süßen Dekorationen und Verzierungen. Neben klassischen Glasuren, Cremes und essbarem Dekomaterial bietet sich auch nicht Essbares an: z. B. kleine (amerikanische) Papierflaggen oder Schirmchen. Für den Kindergeburtstag erhalten die Muffins ein buntes Gesicht durch Liebesperlen, Smarties oder farbiges Marzipan – um nur einige Möglichkeiten zu nennen.

Glasuren

Für einen Zuckerguss rühren Sie 125 Gramm Puderzucker mit 2 bis 3 Esslöffel Flüssigkeit (z. B. Fruchtsaft, Likör, Kaffee) glatt und streichen den Guss auf die abgekühlten Muffins.

Für eine Schokoglasur schmelzen Sie 200 Gramm Kuvertüre im heißen Wasserbad und streichen diese auf die Muffins.

Für eine Marmeladenglasur streichen Sie 3 Esslöffel Marmelade durch ein Sieb und verrühren sie mit 1 Esslöffel Flüssigkeit (z. B. Wasser, Fruchtsaft, Schnaps).

Für eine Honig- oder Sirupglasur erhitzen Sie unter Rühren 250 Gramm Honig oder Ahornsirup mit 1 Esslöffel Butter und streichen die Glasur auf die Muffins.

Cremes

Nachdem die Muffins mit Creme bestrichen wurden, können Sie sie noch dekorativ bestreuen (siehe nächsten Abschnitt) oder kleine Früchte bzw. Fruchtstückchen aufsetzen.

»American Icing«

150 g weiches Pflanzenfett   1 Pck. Vanillinzucker
120 g Puderzucker   Eventuell etwas Milch

Alle Zutaten schaumig schlagen (falls die Creme zu fest wird, etwas Milch dazugeben) und mit dem Spritzbeutel auf die abgekühlten Muffins spritzen.

Buttercreme

250 ml Milch   100 g weiche Butter
1 $\frac{1}{2}$ EL Zucker   100 g Puderzucker
$\frac{1}{2}$ Pck. Vanillepuddingpulver

Aus Milch, Zucker und Puddingpulver nach Packungsaufschrift einen Pudding zubereiten. Die weiche Butter mit dem Puderzucker schaumig schlagen und den Pudding esslöffelweise unterrühren. Die Buttercreme in einen Spritzbeutel füllen und auf die Muffins spritzen.

Varianten

Die oben beschriebene Buttercreme lässt sich vielfach variieren. Sie können beispielsweise einen Pudding mit einer anderen Geschmacksrichtung wählen. Für einen schokoladigen Geschmack und eine dunkle Farbe geben Sie in die Creme etwas Kakaopulver. Durch die Zugabe von starkem Kaffee, fein gemahlenen Nüssen oder einem Likör Ihrer Wahl – nur wenn die Muffins nicht für Kinder zubereitet werden – erhält die Creme ein besonderes Aroma.

Fruchtcreme

150 g Mascarpone   3 EL beliebiger Obstsaft
3 EL Puderzucker

Mascarpone mit dem Puderzucker in eine Schüssel geben. Den Obstsaft dazugießen und alles zu einer glatten Creme verrühren. Anschließend auf die abgekühlten Muffins streichen.

Zum Bestreuen

Auf einen noch feuchten Guss, auf Schlagsahne oder eine Creme können Sie beispielsweise Krokant, gehackte Nüsse, Schokostreusel, Liebesperlen, Hagelzucker, dünne Streifen Orangenschale etc. streuen. Oder tauchen Sie die Muffinköpfe erst in geschmolzene Butter, und wälzen Sie sie dann in dem oben genannten »Streuwerk«.

Für Zimtzucker mischen Sie 4 Esslöffel Zucker mit 1 Teelöffel Zimt und streuen die Mischung auf die noch warmen Muffins. Puderzucker oder Kakaopulver siebt man dagegen über die abgekühlten Muffins.

Süße Muffins

Von Ahornsirup-Muffins bis Zwetschgen-Streusel-Muffins reicht die Palette der süßen Köstlichkeiten aus der Muffinküche. Ob einfach oder festlich, fruchtig oder nussig, glasiert oder unglasiert, mit oder ohne Füllung: Die folgenden Rezeptideen halten für jeden Geschmack etwas bereit.

Den Anfang macht ein Grundrezept für süße Muffins. Diesen Grundteig können Sie immer wieder variieren. Zum Beispiel, indem Sie Rosinen, gehackte Nüsse oder Schokostückchen unterrühren. Oder Sie streichen einen Puderzuckerguss oder etwas Kuvertüre über die Muffins. Statt Öl kann man weiche Butter oder Margarine in den Teig geben. Statt Zucker schmecken auch andere Süßmittel gut wie zum Beispiel Ahornsirup oder Honig. Ein Teil der Milch lässt sich durch andere Flüssigkeiten wie Säfte oder Kaffee ersetzen. Ihrer Fantasie sind dabei keine Grenzen gesetzt.

Bevor Sie loslegen, sollten Sie noch die Tipps und Tricks für die Muffins-Bäckerei lesen. Dann kann eigentlich nichts mehr schief gehen.

Vergessen Sie nicht, am Ende der angegebenen Backzeit zu prüfen, ob die Muffins schon gar sind. Wenn die Ränder beginnen, braun zu werden und an einem in die Mitte gestoßenen Holzstäbchen keine Teigreste mehr kleben bleiben, können Sie das Blech aus dem Ofen nehmen.

Grundrezept süße Muffins

Fett oder Papierförmchen	1 Ei
für die Backform	80 ml neutrales Öl oder 100 g
250 g Mehl	weiche Butter oder Margarine
2 ½ TL Backpulver	100 g Zucker
1 Prise Salz	250 ml Milch

1 Backofen auf 200 °C vorheizen. Die Muffinförmchen einfetten oder Papierförmchen in die Vertiefungen setzen.

2 Das Mehl mit Backpulver und einer Prise Salz mischen und in eine Schüssel sieben.

3 Das Ei in einer separaten Schüssel leicht verquirlen. Das Fett (entweder neutrales Öl, Butter oder Margarine), den Zucker und die Milch dazugeben.

4 Dann die Mehlmischung unterrühren. Nicht zu lange rühren, sonst wird der Teig zäh.

5 Die Förmchen zu ¾ mit Teig füllen und auf der Mittelschiene des Ofens etwa 20 bis 25 Minuten backen, bis sie schön aufgegangen und goldbraun sind. Zur Kontrolle mit einem Holzstäbchen die Garprobe machen (➙ Seite 7).

6 Aus dem Ofen nehmen, 5 bis 8 Minuten abkühlen lassen, aus der Form lösen und lauwarm servieren.

Ahornsirup-Muffins

Fett oder Papierförmchen
  für die Backform
1 Ei
60 ml neutrales Öl
200 ml Milch
100 ml Ahornsirup
3 EL Rohrzucker

250 g Mehl
2 $1/2$ TL Backpulver
1 Prise Salz
Für den Guss
125 g Puderzucker
2–3 EL Ahornsirup

1 Backofen auf 200 °C vorheizen. Die Muffinförmchen einfetten oder Papierförmchen in die Vertiefungen setzen. In einer Rührschüssel das Ei mit Öl, Milch, Ahornsirup und Zucker verquirlen.

2 Mehl, Backpulver und Salz darüber sieben und kurz unterrühren. Den Teig in die Förmchen füllen, 20 bis 25 Minuten backen, einige Minuten abkühlen lassen und dann aus der Form lösen.

3 Puderzucker mit Ahornsirup glatt rühren und gleichmäßig auf die Muffins streichen.

Ahornsirup-Walnuss-Muffins

Fett oder Papierförmchen	1 Ei
für die Backform	90 g weiche Butter oder Margarine
100 g Walnusskerne	200 ml Milch
200 g Mehl	100 ml Ahornsirup
2 ½ TL Backpulver	3 EL Zucker
1 Prise Salz	12 halbe Walnusskerne

1 Backofen auf 200 °C vorheizen. Die Muffinförmchen einfetten oder Papierförmchen in die Vertiefungen setzen. Die Walnüsse grob hacken.

2 Mehl und Backpulver in eine Schüssel sieben, mit Salz und den gehackten Walnüssen vermengen.

3 In einer anderen Schüssel das Ei mit Fett, Milch, Ahornsirup und Zucker verquirlen.

4 Die Mehl-Walnuss-Mischung darauf geben und vorsichtig mit einem Spatel unterheben.

5 Den Teig zu ¾ in die Förmchen füllen und jeweils eine Walnusshälfte zur Dekoration darauf setzen. Das Muffinblech in den vorgeheizten Ofen geben.

6 Nach 20 bis 25 Minuten Backzeit die Muffins etwas abkühlen lassen und aus der Form nehmen.

Ananas-Muffins

Fett oder Papierförmchen
für die Backform
200 g Dosen-Ananas
250 g Mehl
2 TL Backpulver
1/2 TL Natron
1 Prise Salz
1 Ei
100 g Rohrzucker

1 Pck. Vanillezucker
80 ml neutrales Öl
100 ml Milch
50 ml süße Sahne
Für den Guss
125 g Puderzucker
2–3 EL Ananassaft
4 EL Kokosflocken

1 Backofen auf 200 °C vorheizen. Die Muffinförmchen einfetten oder Papierförmchen in die Vertiefungen setzen.

2 Ananas abtropfen lassen, den Saft dabei auffangen, und das Fruchfleisch zerkleinern. Mehl mit Backpulver in eine Schüssel sieben, mit Natron und Salz mischen.

3 In einer Rührschüssel das Ei mit Zucker, Vanillezucker, Öl, Milch, Sahne und 100 Milliliter Ananassaft verquirlen. Die Mehlmischung dazugeben und kurz verrühren, zuletzt die Ananasstückchen vorsichtig unterheben. Teig in die Förmchen füllen und 20 bis 25 Minuten backen.

4 Für den Guss Puderzucker mit Ananassaft glatt rühren und die abgekühlten Muffins damit bestreichen. Abschließend mit Kokosflocken bestreuen.

Apfel-Haferflocken-Muffins

Fett oder Papierförmchen
   für die Backform
1–2 Äpfel (220 g)
2 EL Zitronensaft
100 g Mehl
3 TL Backpulver
1 TL gem. Zimt

1 Prise gem. Nelken
1 Prise Salz
150 g Haferflocken
1 Ei
4 EL neutrales Öl
100 ml Apfelsaft
150 ml Buttermilch

1 Backofen auf 200 °C vorheizen. Die Muffinförmchen einfetten oder Papierförmchen in die Vertiefungen setzen.

2 Äpfel schälen, von den Kerngehäusen befreien und in kleine Stücke schneiden. Mit Zitronensaft beträufeln.

3 Mehl mit Backpulver in eine Schüssel sieben. Zimt, Nelken, Salz und Haferflocken unterrühren.

4 In einer separaten Schüssel das Ei leicht verquirlen und mit Öl, Apfelsaft und Buttermilch verrühren.

5 Die Mehlmischung vorsichtig unterheben und den Teig in die Förmchen füllen. Das Muffinblech auf die mittlere Schiene in den vorgeheizten Backofen geben.

6 Nach 20 bis 25 Minuten Backzeit die Muffins etwas abkühlen lassen und aus der Form nehmen.

Apfelmus-Muffins

Fett oder Papierförmchen
  für die Backform
250 g Mehl
2 TL Backpulver
1 Prise Salz
1 Prise Nelkenpulver
1 1/2 TL gem. Zimt

2 Eier
80 g weiche Butter oder Margarine
100 g Rohrzucker
125 ml Milch
250 g Apfelmus
1 TL Zitronensaft
2 EL Zucker

1 Backofen auf 200 °C vorheizen. Die Muffinförmchen einfetten oder Papierförmchen in die Vertiefungen setzen.

2 Mehl und Backpulver in eine Rührschüssel sieben. Salz, Nelkenpulver und 1 Teelöffel Zimt zufügen und gut untermischen.

3 In einer separaten Rührschüssel die Eier verquirlen und mit Fett, Zucker, Milch, Apfelmus und dem Zitronensaft sorgfältig verrühren.

4 Anschließend die Mehl-Gewürz-Mischung mit einem Spatel vorsichtig unterrühren.

5 Den Teig in die Muffinförmchen füllen. Den restlichen Zimt mit Zucker vermengen und auf den Teig streuen.

6 In den Ofen geben, 20 bis 25 Minuten backen und vor dem Herauslösen aus der Form etwas abkühlen lassen.

Apfel-Rosinen-Muffins

Fett oder Papierförmchen
   für die Backform
250 g Mehl
2 TL Backpulver
1/2 TL Natron
200 g Rohrzucker
1/2 Pck. Vanillezucker
Je 1 Prise gem. Kardamom,
   Muskatnuss, Salz

2 TL gem. Zimt
1–2 Äpfel (200 g)
Saft und abger. Schale von
   1 unbehandelten Zitrone
100 g Rosinen
80 g gehackte Pecannüsse
100 g flüssige Butter oder Margarine
150 ml Milch
2 Eier

1 Backofen auf 200 °C vorheizen. Die Muffinförmchen einfetten oder Papierförmchen in die Vertiefungen setzen. Mehl mit Backpulver in eine Schüssel sieben, mit Natron, 150 Gramm Zucker, Vanillezucker, 1 Teelöffel Zimt, den übrigen Gewürzen und Salz vermischen.

2 Die Äpfel schälen, von den Kerngehäusen befreien, klein schneiden, in eine Schüssel geben und mit Zitronensaft beträufeln. Rosinen, die Hälfte der gehackten Nüsse, 3 Esslöffel Fett, Milch und die Eier dazugeben und alles vermengen.

3 Die Mehlmischung unterrühren und den Teig in die Förmchen füllen. Das restliche Fett zerlassen, mit 1 Teelöffel Zitronenschale, restlichem Zimt, Zucker und Nüssen mischen und auf die Teighäufchen verteilen. 20 bis 25 Minuten backen. Dann etwas abkühlen lassen und aus der Form nehmen.

Aprikosen-Streusel-Muffins

Fett oder Papierförmchen
  für die Backform
12 Aprikosen (frisch oder aus
  der Dose)
1 Ei
100 g weiche Butter oder Margarine
100 g Zucker
1 Pck. Vanillezucker
200 ml Milch

200 g Mehl
2 TL Backpulver
1 Prise Salz
Für die Streusel
50 g Mehl
50 g Zucker
50 g gem. Mandeln oder
  Haselnüsse
60 g weiche Butter oder Margarine

1 Backofen auf 200 °C vorheizen. Die Muffinförmchen einfetten oder Papierförmchen in die Vertiefungen setzen.

2 Frische Aprikosen häuten und halbieren, Dosen-Aprikosen abtropfen lassen. 6 Aprikosen sehr klein schneiden.

3 Ei mit Fett, Zucker, Vanillezucker, Milch und Aprikosenstückchen verrühren. Mehl mit Backpulver und Salz mischen und unter die Aprikosenmasse rühren.

4 Teig in die Förmchen füllen, jeweils ½ Aprikose obenauf setzen. Für die Streusel alle Zutaten verkneten und darüber streuen. 20 bis 25 Minuten backen.

5 Die fertig gebackenen Muffins einige Minuten abkühlen lassen und anschließend aus der Form nehmen.

Bananen-Cornflakes-Muffins

Fett oder Papierförmchen
   für die Backform
2 kleine Bananen
2 EL neutrales Öl
5 EL Honig
1 Ei

200 ml Buttermilch
200 g Mehl
2 TL Backpulver
1 Prise Salz
80 g Cornflakes

1 Backofen auf 200 °C vorheizen. Die Muffinförmchen einfetten oder Papierförmchen in die Vertiefungen setzen.

2 Bananen schälen, zerdrücken und mit Öl und Honig schaumig rühren. Das leicht verquirlte Ei und die Buttermilch zu der Bananenmasse geben.

3 Mehl, Backpulver und Salz mischen und auf die Bananenmischung sieben. Die zerdrückten Cornflakes (➺ Tipp) darüber geben und alles schnell unterrühren.

4 Den Teig in die Muffinförmchen füllen und in den Backofen geben. 20 bis 25 Minuten backen. Dann einige Minuten abkühlen lassen und anschließend aus der Form lösen.

___Tipp___
So zerkleinern Sie Cornflakes schnell und sauber: Die Cornflakes in einen Gefrierbeutel geben und gut verschließen. Nun mit einem Nudelholz darüber rollen, bis die Cornflakes zerbröselt sind.

Bananen-Schoko-Muffins

Fett oder Papierförmchen
   für die Backform
2 Bananen
1 EL Zitronensaft
1 Ei
125 g Rohrzucker
100 g weiche Butter oder Margarine

200 ml Milch
3 EL Schokotropfen
200 g Mehl
2 TL Backpulver
1 Prise Salz
3 EL dunkles Kakaopulver

1 Backofen auf 200 °C vorheizen. Die Muffinförmchen einfetten oder Papierförmchen in die Vertiefungen setzen. Bananen mit Zitronensaft zerdrücken.

2 Das Ei verquirlen, mit Zucker und Butter oder Margarine mischen, die Milch angießen und den Bananenbrei sowie die Schokotropfen unterrühren.

3 Mehl, Backpulver, Salz und Kakaopulver mischen, über die Eiermischung sieben und unterheben.

4 Den Teig in die Muffinförmchen füllen, 20 bis 25 Minuten backen, etwas abkühlen lassen und aus der Form lösen.

Bananen-Walnuss-Muffins

Fett oder Papierförmchen
  für die Backform
100 g halbe Walnusskerne
200 g Mehl
1 ½ TL Backpulver
½ TL Natron
1 Prise Salz

2 Eier
125 g weiche Butter oder Margarine
125 g Rohrzucker
1 Pck. Vanillezucker
150 g Jogurt natur
3 Bananen

1 Backofen auf 200 °C vorheizen. Die Muffinförmchen einfetten oder Papierförmchen in die Vertiefungen setzen. 12 halbe Walnusskerne zur Dekoration beiseite legen, die restlichen grob hacken.

2 Mehl mit Backpulver in eine Schüssel sieben. Natron, Salz und gehackte Walnusskerne dazugeben.

3 In einer separaten Schüssel die Eier verquirlen, Fett, Zucker, Vanillezucker und Jogurt dazugeben, die Bananen pürieren und ebenfalls unterrühren.

4 Zum Schluss das Mehlgemisch in die Bananenmasse rühren, den Teig in die Muffinförmchen füllen und auf jedes Teighäufchen eine halbe Walnuss legen.

5 20 bis 25 Minuten backen. Dann die Muffins etwas abkühlen lassen und aus der Form nehmen.

Birne-Helene-Muffins

Fett oder Papierförmchen
für die Backform
200 ml Milch
1 Vanilleschote
200 g Birnen (frisch oder
aus der Dose)
250 g Mehl
2 TL Backpulver

3 EL dunkles Kakaopulver
1 Prise Salz
1 Ei
100 g weiche Butter oder Margarine
100 g Zucker
Für den Guss
200 g Halbbitterkuvertüre

1 Backofen auf 200 °C vorheizen. Die Muffinförmchen einfetten oder Papierförmchen hineinsetzen. Die Milch mit der aufgeschlitzten Vanilleschote und dem herausgeschabten Mark einmal aufkochen und wieder abkühlen lassen.

2 Frische Birnen schälen und von den Kerngehäusen befreien, Dosen-Birnen abtropfen lassen. In kleine Stücke schneiden. Mehl, Backpulver und Kakaopulver in eine Schüssel sieben, mit Salz und Birnenstückchen mischen.

3 In einer größeren Schüssel das Ei verquirlen, mit Butter oder Margarine, Zucker und der Vanillemilch mischen. Das Mehlgemisch vorsichtig unterheben.

4 In die Förmchen füllen und 20 bis 25 Minuten backen. Kurz abkühlen lassen und aus der Form lösen. Kuvertüre im heißen Wasserbad schmelzen und die Muffins damit bestreichen.

Blaubeer-Muffins

Fett oder Papierförmchen
für die Backform
200 g Heidelbeeren (frisch,
aus dem Glas oder TK)
250 g Mehl
2 TL Backpulver
1 Prise Salz

1 TL abger. Zitronenschale
2 Eier
100 g weiche Butter oder Margarine
80 g Zucker
1 Pck. Vanillezucker
150 g Schmand

1 Ofen auf 200 °C vorheizen. Die Muffinförmchen einfetten oder Papierförmchen in die Vertiefungen setzen.

2 Frische Heidelbeeren verlesen, vorsichtig waschen und trockentupfen. Heidelbeeren aus dem Glas gut abtropfen lassen. TK-Heidelbeeren unaufgetaut verwenden.

3 Mehl, Backpulver und Salz mischen und in eine Schüssel sieben. Zitronenschale unterrühren. Heidelbeeren vorsichtig in der Mehlmischung wenden.

4 Eier, Fett, Zucker und Vanillezucker verquirlen und den Schmand unterrühren. Die Mehlmischung darauf geben und mit einem Spatel schnell und gleichmäßig unterrühren.

5 Den Teig in die Förmchen füllen und etwa 20 bis 25 Minuten backen. Muffins einige Minuten auskühlen lassen und aus der Form nehmen.

Brombeer-Frischkäse-Muffins

Fett oder Papierförmchen
für die Backform
200 g Brombeeren (frisch,
aus dem Glas oder TK)
200 g Mehl
50 g Speisestärke
2 TL Backpulver
1 Prise Salz
1 Ei

90 g weiche Butter oder Margarine
100 g Rohrzucker
1 Pck. Vanillezucker
5–6 EL süße Sahne
200 g Doppelrahmfrischkäse
Für den Guss
125 g Puderzucker
2–3 EL Brombeer- oder Zitronensaft

1 Ofen auf 200 °C vorheizen. Die Muffinförmchen vorbereiten. Frische Brombeeren verlesen, Brombeeren aus dem Glas und TK-Brombeeren gut abtropfen lassen.

2 Mehl, Speisestärke, Backpulver und Salz in eine Schüssel sieben, die Brombeeren mit einem Spatel darunter heben. Das Ei mit Fett, Zucker und Vanillezucker verquirlen. Sahne mit Frischkäse verrühren und zu der Eiermasse geben. Alles zu einem glatten Teig rühren.

3 Die Mehlmischung unterheben und den Teig in die Förmchen füllen. 20 bis 25 Minuten backen, etwas auskühlen lassen und aus der Form nehmen.

4 Für den Guss Puderzucker mit Brombeer- oder Zitronensaft glatt rühren und auf die Muffins streichen.

Cola-Muffins

Fett oder Papierförmchen
für die Backform
2 Eier
80 ml neutrales Öl
120 g Zucker
1/2 Pck. Vanillezucker
250 ml Cola
250 g Mehl

2 TL Backpulver
1 Prise Salz
Für den Guss
125 g Puderzucker
3 EL Cola
1 EL weiche Butter oder Margarine
Bunte Zuckerperlen

1 Ofen auf 200 °C vorheizen. Die Muffinförmchen einfetten oder Papierförmchen in die Vertiefungen setzen.

2 In einer Rührschüssel die Eier verquirlen, Öl, Zucker, Vanillezucker und Cola dazurühren.

3 Das Mehl mit Backpulver und Salz in einer separaten Schüssel mischen. Über die Colamischung sieben, mit einem Spatel vorsichtig unterheben und anschließend in die Muffinförmchen füllen.

4 In den Ofen geben und 20 bis 25 Minuten backen. Einige Minuten abkühlen lassen und aus der Form lösen.

5 Puderzucker mit Cola und Butter oder Margarine glatt rühren. Den Guss gleichmäßig auf die Muffins streichen und die Zuckerperlen darauf streuen.

Dattel-Feigen-Muffins

Fett oder Papierförmchen
  für die Backform
80 g Datteln
80 g getrocknete Feigen
200 g Mehl
2 TL Backpulver
50 g Vollkornhaferflocken

$1/2$ TL Natron
1 Prise Salz
Schale von $1/2$ unbehandelten Orange
1 Ei
100 g weiche Butter oder Margarine
100 g Zucker
250 ml Buttermilch

1 Backofen auf 200 °C vorheizen. Die Muffinförmchen einfetten oder Papierförmchen in die Vertiefungen setzen.

2 Die Datteln entkernen und ebenso wie die getrockneten Feigen sehr fein schneiden.

3 Mehl und Backpulver in eine Schüssel sieben, mit Haferflocken, Natron, Salz, Orangenschale, Dattel- und Feigenstückchen mischen.

4 Das Ei mit Fett, Zucker und Buttermilch in einer separaten Schüssel verquirlen. Anschließend die Mehl-Frucht-Mischung darauf geben und mit einem Spatel kurz und vorsichtig unterrühren.

5 Den Teig in die Muffinförmchen füllen und 20 bis 25 Minuten backen, bis sie schön aufgegangen und goldbraun sind. Einige Minuten abkühlen lassen und aus der Form lösen.

Donauwellen-Muffins

Fett oder Papierförmchen
für die Backform
1 kl. Glas Schattenmorellen
1 Ei
120 g Zucker
1 Pck. Vanillezucker
80 ml neutrales Öl
250 ml Milch
250 g Mehl
2 TL Backpulver

1 Prise Salz
3 EL Kakaopulver
Für die Creme
1/2 Pck. Instant-Vanillepuddingpulver
Zucker (nach Packungsaufschrift)
250 ml Milch
4 EL weiche Butter
120 g Puderzucker
1 Pck. Vanillezucker
4 EL Raspelschokolade

1 Backofen auf 200 °C vorheizen. Die Förmchen fetten. Schattenmorellen abtropfen lassen. Das Ei mit Zucker, Vanillezucker, Öl und Milch (bis auf 2 Esslöffel) verrühren. Mehl mit Backpulver und Salz mischen, auf die Eiermischung sieben und kurz unterheben. Die Hälfte des Teiges mit dem Kakaopulver und der restlichen Milch verrühren.

2 Den hellen Teig in die Förmchen füllen, dann jeweils 3 bis 4 Schattenmorellen darauf legen und mit dunklem Teig auffüllen. 20 bis 25 Minuten backen und abkühlen lassen.

3 Puddingpulver mit Milch und Zucker nach Packungsaufschrift zubereiten. Butter mit Zucker schaumig rühren. Pudding esslöffelweise unter die Butter rühren, bis eine glatte Creme entsteht. Auf die Muffins streichen, mit Schokolade garnieren.

Eierlikör-Muffins

Fett oder Papierförmchen
  für die Backform
2 Eier
150 g Puderzucker
1 Pck. Vanillezucker
80 ml neutrales Öl
100 ml Milch
150 ml Eierlikör

120 g Mehl
100 g Speisestärke
3 TL Backpulver
1 Prise Salz
Zur Dekoration
250 ml süße Sahne
1 Pck. Sahnesteif
3 EL Eierlikör

1 Backofen auf 200 °C vorheizen. Die Muffinförmchen einfetten oder Papierförmchen hineinsetzen. Eier mit Puderzucker und Vanillezucker schaumig schlagen, Öl, Milch und Eierlikör unterrühren.

2 Mehl mit Speisestärke, Backpulver und Salz mischen, auf die Eierlikörmischung sieben und kurz unterheben.

3 Den Teig in die Muffinförmchen füllen, 20 bis 25 Minuten backen, etwas abkühlen lassen, dann aus der Form lösen. Sahne mit Sahnesteif steif schlagen, Eierlikör unterheben und auf die Muffins spritzen.

Erdbeer-Muffins

Fett oder Papierförmchen
für die Backform
12 Erdbeeren
1 Ei
90 g weiche Butter oder
Margarine
80 g Zucker
1 Pck. Vanillezucker

250 ml Buttermilch
200 g Mehl
50 g Speisestärke
3 TL Backpulver
1 Prise Salz
Für den Guss
3 EL Erdbeermarmelade
1 EL Wasser

1 Backofen auf 200 °C vorheizen. Die Muffinförmchen einfetten oder Papierförmchen hineinsetzen. Erdbeeren waschen und trockentupfen, die Stielansätze herauszupfen.

2 In einer Rührschüssel das Ei mit Butter oder Margarine, Zucker und Vanillezucker verquirlen, die Buttermilch dazugießen und alles zu einem glatten Teig verrühren.

3 Mehl, Speisestärke, Backpulver und Salz mischen, auf die Eiermischung sieben und vorsichtig unterheben.

4 Förmchen zur Hälfte mit Teig füllen, jeweils eine Erdbeere hineinsetzen und mit Teig auffüllen. 20 bis 25 Minuten backen, etwas abkühlen lassen und aus der Form lösen.

5 Die Erdbeermarmelade durch ein Sieb streichen, mit dem Wasser glatt rühren und auf den Muffins verstreichen.

Erdnussbutter-Muffins

Fett oder Papierförmchen
  für die Backform
2 Eier
100 g Rohrzucker
1 Pck. Vanillezucker
60 ml neutrales Öl
150 g Erdnussbutter (crunchy)

250 ml Milch
200 g Mehl
1 $\frac{1}{2}$ TL Backpulver
$\frac{1}{2}$ TL Natron
1 Prise Salz
3 EL gehackte, ungesalzene
  Erdnüsse

1 Backofen auf 200 °C vorheizen. Die Muffinförmchen einfetten oder Papierförmchen in die Vertiefungen setzen.

2 In einer Rührschüssel die Eier leicht verquirlen und mit Zucker, Vanillezucker, Öl, Erdnussbutter und Milch gründlich zu einem glatten Teig verrühren.

3 Mehl, Backpulver, Natron und Salz mischen, über die Eimischung sieben und vorsichtig unterheben.

4 Den Teig in die Förmchen füllen, mit gehackten Erdnüssen bestreuen und 20 bis 25 Minuten backen. Die Muffins einige Minuten abkühlen lassen und aus der Form nehmen.

___Variante___

Eine fruchtige Geschmacksnote erhält man, wenn man die Hälfte des Teigs einfüllt, einen Klecks Johannisbeergelee darauf gibt und mit dem restlichen Teig auffüllt.

Erdnuss-Blaubeer-Muffins

Fett oder Papierförmchen
für die Backform
150 g Heidelbeeren (frisch,
aus dem Glas oder TK)
200 g Mehl
2 ½ TL Backpulver
1 Prise Salz

100 g gehackte, ungesalzene
Erdnüsse
1 Ei
120 g Rohrzucker
60 g Erdnussbutter
60 ml neutrales Öl
150 g Jogurt
100 ml Milch

1 Ofen auf 200 °C vorheizen. Die Muffinförmchen einfetten oder Papierförmchen in die Vertiefungen setzen.

2 Frische Heidelbeeren verlesen, vorsichtig waschen und trockentupfen. Heidelbeeren aus dem Glas gut abtropfen lassen. TK-Heidelbeeren unaufgetaut verwenden.

3 Mehl und Backpulver in eine Schüssel sieben, sorgfältig mit Salz und 60 Gramm Erdnüssen vermischen. In einer anderen Schüssel das Ei leicht verquirlen und mit Zucker, Erdnussbutter, Öl, Jogurt und Milch gründlich verrühren.

4 Die Mehlmischung dazugeben und kurz vermischen. Zum Schluss die Heidelbeeren vorsichtig unterheben. Den Teig in die Förmchen füllen, mit den restlichen gehackten Erdnüssen bestreuen und 20 bis 25 Minuten backen. Die Muffins einige Minuten abkühlen lassen und aus der Form nehmen.

Espresso-Muffins

Fett oder Papierförmchen
  für die Backform
1 Ei
100 g weiche Butter oder Margarine
120 g Zucker
125 ml kalter Espresso
125 ml Milch
200 g Mehl

50 g Speisestärke
2 TL Backpulver
1 Prise Salz
1 TL Kakaopulver
Für den Guss
125 g Puderzucker
2–3 EL kalter Espresso
12 Schoko-Mokkabohnen

1 Backofen auf 200 °C vorheizen. Die Muffinförmchen einfetten oder Papierförmchen in die Vertiefungen setzen. Ei mit Butter oder Margarine, Zucker, Espresso und Milch verquirlen. Mehl, Speisestärke, Backpulver, Salz und Kakaopulver vermengen, über die Eimasse sieben und unterheben.

2 Den Teig in die Muffinförmchen füllen und 20 bis 25 Minuten backen. Die Muffins einige Minuten abkühlen lassen und dann aus der Form lösen.

3 Puderzucker mit Espresso glatt rühren und auf die Muffins streichen. Je eine Schoko-Mokkabohne darauf legen.

___Variante___
Nehmen Sie für den Teig 100 Milliliter Milch und 2 Centiliter Whisky. Schlagen Sie 250 Milliliter süße Sahne mit einem Päckchen Sahnesteif und 2 Esslöffel Whiskylikör, und dekorieren Sie damit die Muffins.

Exotische Muffins

Fett oder Papierförmchen
   für die Backform
1 reife Mango
1 EL Zitronensaft
1 Ei
80 ml neutrales Öl
100 g Rohrzucker

½ Pck. Vanillezucker
100 ml Maracujasaft
150 g Schmand
250 g Mehl
2 TL Backpulver
½ TL Natron
1 Prise Salz

1 Backofen auf 200 °C vorheizen. Die Muffinförmchen einfetten oder Papierförmchen in die Vertiefungen setzen. Mango vom Kern lösen, schälen, das Fruchtfleisch in sehr kleine Stücke schneiden und mit Zitronensaft mischen.

2 Das Ei in einer Schüssel verquirlen, mit Öl, Zucker, Vanillezucker, Maracujasaft und Schmand verrühren. Mehl mit Backpulver, Natron und Salz in einer separaten Schüssel vermischen und über die Eimasse sieben.

3 Alles kurz miteinander vermengen und in die Muffinförmchen füllen. 20 bis 25 Minuten backen, etwas auskühlen lassen und aus der Form nehmen.

Gewürz-Muffins

Fett oder Papierförmchen
für die Backform
1 Ei
100 g weiche Butter oder
Margarine
60 g Rohrzucker
2 EL dunkler Zuckerrübensirup
2 EL Orangeat
1 TL frisch ger. Ingwer
250 ml Milch

250 g Mehl
1 ½ TL Backpulver
½ TL Natron
1 Prise Salz
2 TL gem. Zimt
Je 1 TL gem. Ingwer, Nelken
und Kardamom
Zum Servieren
250 ml süße Sahne

1 Backofen auf 200 °C vorheizen. Die Muffinförmchen einfetten oder Papierförmchen in die Vertiefungen setzen.

2 Das Ei leicht verquirlen, mit Fett, Zucker, Zuckerrübensirup,
Orangeat, geriebenem Ingwer und Milch verrühren.

3 Mehl und Backpulver in eine separate Schüssel sieben, mit
Natron, Salz sowie den Gewürzen mischen und vorsichtig unter die Eimasse heben.

4 Den Teig in die Förmchen füllen, in den vorgeheizten Ofen
geben und 20 bis 25 Minuten backen.

5 Einige Minuten abkühlen lassen, dann aus der Form nehmen und noch leicht warm mit frischer Schlagsahne servieren.

Glühwein-Muffins

Fett oder Papierförmchen
   für die Backform
250 g Mehl
2 TL Backpulver
1 Prise Salz
Je ½ TL gem. Zimt und Kardamom
1 Prise ger. Muskatnuss
1 Ei
80 ml neutrales Öl

80 g Zucker
1 Pck. Vanillezucker
50 ml Milch
200 ml kalter Glühwein
Für den Guss
125 g Puderzucker
2–3 EL kalter Glühwein
3 EL Borkenschokolade

1 Backofen auf 200 °C vorheizen. Die Muffinförmchen einfetten oder Papierförmchen in die Vertiefungen setzen.

2 Mehl mit Backpulver in eine Schüssel sieben, mit Salz und den Gewürzen mischen.

3 Das Ei in einer separaten Schüssel mit Öl, Zucker, Vanillezucker, Milch und Glühwein verquirlen. Die Mehlmischung unterheben und den Teig in die Förmchen füllen.

4 Die Muffins 20 bis 25 Minuten backen, bis sie schön aufgegangen und goldbraun sind. Einige Minuten auskühlen lassen und aus der Form nehmen.

5 Für den Guss Puderzucker mit Glühwein glatt rühren und auf die Muffins streichen. Mit Borkenschokolade verzieren.

Haferflocken-Birnen-Muffins

Fett oder Papierförmchen
  für die Backform
200 g Birnen (frisch oder
  aus dem Glas)
100 g Mehl
2 TL Backpulver
1/2 TL gem. Zimt
1 Prise gem. Nelken

1 Prise Salz
150 g Haferflocken
1 Ei
60 ml neutrales Öl
80 g Zucker
1 Pck. Vanillezucker
250 ml Milch
Puderzucker zum Bestäuben

1 Backofen auf 200 °C vorheizen. Die Muffinförmchen einfetten oder Papierförmchen in die Vertiefungen setzen.

2 Frische Birnen schälen und von den Kerngehäusen befreien, Birnen aus dem Glas abtropfen lassen. Das Fruchtfleisch in kleine Stücke schneiden.

3 Mehl mit Backpulver in eine Schüssel sieben. Mit Zimt, Nelken, Salz und Haferflocken mischen.

4 Das Ei mit Öl, Zucker, Vanillezucker und Milch verrühren. Die Mehlmischung und die Birnenstückchen unterheben und den Teig in die Förmchen füllen.

5 Nach 20 bis 25 Minuten Backzeit die Muffins etwas abkühlen lassen und aus der Form nehmen. Vor dem Servieren mit Puderzucker bestäuben.

Heidelbeer-Jogurt-Muffins

Fett oder Papierförmchen
   für die Backform
150 g Heidelbeeren (frisch, aus
   dem Glas oder TK)
1 Ei
80 ml neutrales Öl
100 g Zucker

150 g Jogurt natur
100 ml Milch
250 g Mehl
2 TL Backpulver
1 Prise Salz
125 g Puderzucker zum
   Bestäuben

1 Den Ofen auf 200 °C vorheizen. Die Muffinförmchen einfetten oder Papierförmchen in die Vertiefungen setzen.

2 Frische Heidelbeeren verlesen, vorsichtig waschen und trockentupfen. Heidelbeeren aus dem Glas gut abtropfen lassen. TK-Heidelbeeren unaufgetaut verwenden.

3 Ei in einer Rührschüssel verquirlen, mit Öl, Zucker, Jogurt und Milch zu einer glatten Masse verrühren.

4 Mehl, Backpulver und Salz darüber sieben und gleichmäßig unter den Jogurtteig ziehen. Zuletzt die Heidelbeeren vorsichtig unterheben.

5 Die Muffinförmchen mit Teig füllen, in den Ofen geben und 20 bis 25 Minuten backen. Nach einer kurzen Auskühlzeit die Muffins aus der Form nehmen und vor dem Servieren mit Puderzucker bestäuben.

Himbeer-Muffins

Fett oder Papierförmchen
für die Backform
200 g Himbeeren (frisch, aus
dem Glas oder TK)
1 Ei
125 g weiche Butter oder
Margarine
120 g Zucker
1 Pck. Vanillezucker

100 ml Milch
150 g Crème fraîche
250 g Mehl
2 TL Backpulver
1 Prise Salz
Für den Guss
3 EL Himbeermarmelade
1–2 EL Wasser

1 Ofen auf 200 °C vorheizen. Die Muffinförmchen einfetten oder Papierförmchen in die Vertiefungen setzen.

2 Frische Himbeeren verlesen, Himbeeren aus dem Glas gut abtropfen lassen, TK-Himbeeren unaufgetaut verwenden.

3 Das Ei mit Fett, Zucker und Vanillezucker verquirlen. Milch und Crème fraîche dazugeben und zu einem glatten Teig rühren. Mehl, Backpulver und Salz darüber sieben und unterrühren und zum Schluss die Himbeeren vorsichtig mit einem Spatel unterheben.

4 Den Teig in die Förmchen füllen und 20 bis 25 Minuten backen. Etwas auskühlen lassen und aus der Form nehmen. Himbeermarmelade durch ein Sieb streichen, mit dem Wasser glatt rühren und auf die Muffins streichen.

Honig-Aprikosen-Muffins

Fett oder Papierförmchen
  für die Backform
250 g Aprikosen (oder 200 g
  Aprikosen aus dem Glas)
250 g Mehl
2 ½ TL Backpulver
1 Prise Salz
1 Ei

60 ml neutrales Öl
4 EL Honig
1 Pck. Vanillezucker
250 ml Buttermilch
Für die Glasur
3 EL Aprikosenmarmelade
1–2 EL Wasser

1 Backofen auf 200 °C vorheizen. Die Muffinförmchen einfetten oder Papierförmchen in die Vertiefungen setzen. Frische Aprikosen häuten und halbieren, Dosen-Aprikosen abtropfen lassen. In kleine Stücke schneiden.

2 Mehl und Backpulver in eine Schüssel sieben, mit dem Salz mischen und die Aprikosenstückchen unterrühren.

3 Das Ei leicht verquirlen, mit Öl, Honig, Vanillezucker und Buttermilch verrühren. Die Mehlmischung unterheben.

4 Den Teig in die Muffinförmchen füllen, in den Ofen geben und 20 bis 25 Minuten backen. Einige Minuten abkühlen lassen und aus der Form lösen.

5 Aprikosenmarmelade durch ein Sieb streichen, mit Honig und Wasser glatt rühren und die Muffins damit überziehen.

Jogurt-Erdbeer-Muffins

Fett oder Papierförmchen
  für die Backform
200 g Erdbeeren
200 g Mehl
50 g Speisestärke
2 ½ TL Backpulver
1 Prise Salz
1 Ei
60 ml neutrales Öl

90 g Zucker
1 Pck. Vanillezucker
200 g Erdbeerjogurt
5 EL Milch
Für den Guss
3 EL Erdbeermarmelade
1 EL Wasser
12 kleine (Wald)erdbeeren

1 Ofen auf 200 °C vorheizen. Die Muffinförmchen einfetten oder Papierförmchen hineinsetzen. Erdbeeren waschen und trockentupfen, die Stielansätze herauszupfen. In kleine Stücke schneiden. Mehl, Speisestärke und Backpulver in eine Schüssel sieben, mit Salz mischen und die Erdbeeren unterheben.

2 Das Ei mit Öl, Zucker und Vanillezucker verquirlen, Jogurt und Milch dazugießen und alles zu einem glatten Teig verrühren. Die Mehlmischung vorsichtig unterheben.

3 Den Teig in die Förmchen füllen. 20 bis 25 Minuten backen, etwas abkühlen lassen und aus der Form lösen.

4 Erdbeermarmelade durch ein Sieb streichen, mit dem Wasser glatt rühren und auf den Muffins gleichmäßig verteilen. Jeweils eine Erdbeere darauf setzen.

Johannisbeer-Muffins

Fett oder Papierförmchen
   für die Backform
1 Vanilleschote
125 ml Milch
200 g Johannisbeeren
1 Ei
80 g weiche Butter oder
   Margarine
120 g Zucker

125 g Doppelrahmfrischkäse
250 g Mehl
2 TL Backpulver
1 Prise Salz
Für den Guss
125 g Puderzucker
1–2 EL Zitronen- oder
   Johannisbeersaft oder Cassis

1 Ofen auf 200 °C vorheizen. Die Muffinförmchen einfetten oder Papierförmchen in die Vertiefungen setzen.

2 Das Mark aus der Vanilleschote schaben und beides in der Milch aufkochen, Schote herausnehmen. Johannisbeeren waschen, von den Rispen streifen (12 Rispen beiseite legen).

3 Das Ei mit Fett und Zucker verrühren, dann mit der abgekühlten Vanillemilch und dem Frischkäse zu einem glatten Teig verarbeiten. Mehl, Backpulver und Salz darüber sieben und untermischen. Zuletzt die Johannisbeeren unterziehen.

4 Teig in die Förmchen füllen, etwa 20 bis 25 Minuten backen, dann kurz auskühlen lassen und aus der Form nehmen. Puderzucker mit Saft oder Likör verrühren und auf die Muffins streichen. Auf jeden eine Johannisbeerrispe legen.

Kirsch-Mandel-Muffins

Fett oder Papierförmchen
   für die Backform
250 g Sauerkirschen aus
   dem Glas
250 g Mehl
2 TL Backpulver
1/2 TL Natron
1 Prise Salz

3 EL ger. Mandeln
1 Ei
100 g Rohrzucker
1 Pck. Vanillezucker
125 g weiche Butter oder Margarine
200 ml Buttermilch
2 Tropfen Bittermandelöl
50 g Mandelblättchen

1 Backofen auf 200 °C vorheizen. Die Muffinförmchen einfetten oder Papierförmchen in die Vertiefungen setzen. Die Sauerkirschen abtropfen lassen.

2 Mehl und Backpulver in eine Schüssel sieben, mit Natron, Salz und Mandeln vermischen.

3 In einer separaten Schüssel das Ei mit Zucker und Vanillezucker verquirlen. Fett, Buttermilch und Bittermandelöl dazugeben und zu einem glatten Teig rühren.

4 Das Mehlgemisch vorsichtig unterheben und zum Schluss die Kirschen dazugeben.

5 Den Teig in die Förmchen füllen, die Mandelblättchen darauf streuen und etwa 20 bis 25 Minuten backen. Nach einer kurzen Abkühlzeit aus der Form nehmen.

Kokos-Orangen-Muffins

Fett oder Papierförmchen
für die Backform
1 unbehandelte Orange
200 g Mehl
2 TL Backpulver
1/2 TL Natron

1 Prise Salz
50 g Kokosflocken
1 Ei
125 g Zucker
80 ml neutrales Öl
250 ml Buttermilch

1 Backofen auf 200 °C vorheizen. Die Muffinförmchen einfetten oder Papierförmchen hineinsetzen. Von der Orange 1 Esslöffel Schale abreiben und die Frucht auspressen.

2 Mehl mit Backpulver, Natron und Salz in eine Schüssel sieben, mit Kokosflocken und Orangenschalen mischen. In einer separaten Schüssel das Ei mit Zucker, Öl und Buttermilch verquirlen. Die Mehlmischung unterheben.

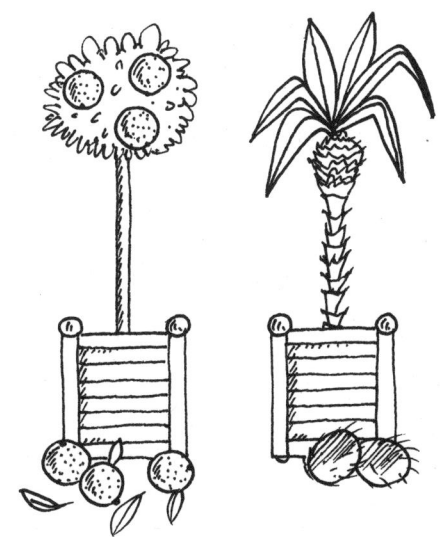

3 Den Teig in die Muffinförmchen füllen und 20 bis 25 Minuten backen. Etwas abkühlen lassen und dann aus der Form nehmen.

Kürbis-Muffins

200 g Kürbis
Abger. Schale von
   1 unbehandelten Zitrone
Fett oder Papierförmchen
   für die Backform
250 g Mehl
2 TL Backpulver
1 Prise Salz

½ TL gem. Zimt
1 Prise ger. Muskatnuss
2 Eier
80 ml neutrales Öl
3 EL Ahornsirup
150 g Jogurt natur
50 ml Milch
125 g Puderzucker zum Bestäuben

1 Kürbisfleisch von Kernen und Fasern befreien und grob raspeln. Mit der Zitronenschale mischen.

2 Backofen auf 200 °C vorheizen. Die Muffinförmchen einfetten oder Papierförmchen in die Vertiefungen setzen.

3 Das Mehl mit dem Backpulver in eine Schüssel sieben, Salz, Zimt und Muskatnuss untermengen.

4 In einer separaten Schüssel die Eier verquirlen und mit Öl, Ahornsirup, Jogurt und Milch verschlagen. Dann mit der Mehlmischung kurz vermengen und anschließend die Kürbisraspeln mit einem Spatel unter den Teig heben.

5 Den Teig in die Förmchen füllen und in 20 bis 25 Minuten goldbraun backen. Etwas abkühlen lassen, aus der Form lösen und mit Puderzucker bestäuben.

Kürbis-Preiselbeer-Muffins

200 g Kürbis
Abger. Schale von
   1 unbehandelten Zitrone
Fett oder Papierförmchen
   für die Backform
200 g Mehl
1 ½ TL Backpulver
½ TL Natron
1 Prise Salz

1 Prise ger. Muskatnuss
½ TL ger. Ingwer
1 Ei
80 ml neutrales Öl
100 g Zucker
200 ml Buttermilch
100 g Preiselbeeren aus dem Glas
125 g Puderzucker zum
   Bestäuben

1 Kürbisfleisch von Kernen und Fasern befreien und grob raspeln. Mit der Zitronenschale mischen.

2 Backofen auf 200 °C vorheizen. Die Muffinförmchen einfetten oder Papierförmchen in die Vertiefungen setzen. Mehl mit Backpulver in eine Schüssel sieben, mit Natron, Salz, Muskatnuss und Ingwer mischen.

3 In einer separaten Schüssel das Ei mit Öl, Zucker und Buttermilch verschlagen, dann mit der Mehlmischung vermengen und die Kürbisraspeln unterheben.

4 Die Förmchen zur Hälfte mit Teig füllen, jeweils 1 Teelöffel Preiselbeeren darauf setzen und mit Teig auffüllen. 20 bis 25 Minuten backen, etwas abkühlen lassen, aus der Form lösen und mit Puderzucker bestäuben.

Lebkuchen-Muffins

Fett oder Papierförmchen
   für die Backform
150 g Mehl
2 TL Backpulver
½ TL Natron
1 Prise Salz
100 g gem. Mandeln
2 EL Lebkuchengewürz
2 Eier

2 EL Honig
2 EL Rohrzucker
100 g weiche Butter oder Margarine
200 ml Milch
100 g Zartbitterschokolade
Für den Guss
200 g Halbbitterkuvertüre
12 abgezogene Mandeln

1 Backofen auf 200 °C vorheizen. Die Muffinförmchen einfetten oder Papierförmchen in die Vertiefungen setzen.

2 Mehl mit Backpulver in eine Schüssel sieben, mit Natron, Salz, Mandeln und Lebkuchengewürz mischen.

3 Eier mit Honig, Zucker, Fett und Milch verquirlen. Schokolade fein hacken und unter die Eiermasse rühren. Die Mehlmischung dazugeben und vorsichtig unterheben.

4 Den Teig in die Förmchen füllen, 20 bis 25 Minuten backen, etwas abkühlen lassen und aus der Form lösen.

5 Die Kuvertüre im heißen Wasserbad schmelzen und die Muffins gleichmäßig damit überziehen. Jeweils eine Mandel auf den noch feuchten Guss legen.

Macademia-Schoko-Muffins

Fett oder Papierförmchen
  für die Backform
200 g Mehl
2 ½ TL Backpulver
1 Prise Salz
50 g gehackte weiße Kuvertüre
150 g gehackte Macademia-
  nusskerne

1 Ei
100 g weiche Butter oder Margarine
100 g Zucker
250 ml Milch
Für den Guss
150 g weiße Kuvertüre
50 g gehackte Macademia-
  nusskerne

1 Backofen auf 200 °C vorheizen. Die Muffinförmchen einfetten oder Papierförmchen in die Vertiefungen setzen.

2 Mehl und Backpulver in eine Schüssel sieben, mit Salz, weißer Kuvertüre und Nüssen mischen.

3 In einer Rührschüssel das Ei mit Fett, Zucker und Milch verschlagen. Die Mehlmischung vorsichtig unterheben und den Teig in die Förmchen füllen.

4 In den Ofen geben und etwa 20 bis 25 Minuten backen, bis sie schön aufgegangen und goldbraun sind. Einige Minuten abkühlen lassen und aus der Form lösen.

5 Die Kuvertüre im heißen Wasserbad schmelzen, auf die abgekühlten Muffins streichen und mit 50 Gramm Macademianüssen bestreuen.

Mandarinen-Streusel-Muffins

Fett oder Papierförmchen
für die Backform
200 g Mandarinen aus der Dose
1 Ei
100 g weiche Butter
oder Margarine
100 g Zucker
1 Pck. Vanillezucker
200 ml Buttermilch
200 g Mehl

50 g Speisestärke
2 ½ TL Backpulver
1 Prise Salz
Für die Streusel
50 g Mehl
1 Pck. Vanillezucker
1 Prise gem. Zimt
50 g gem. Mandeln oder
Haselnüsse
60 g weiche Butter oder Margarine

1 Backofen auf 200 °C vorheizen. Die Muffinförmchen einfetten oder Papierförmchen in die Vertiefungen setzen.

2 Die Mandarinen abtropfen lassen (den Saft dabei auffangen) und in kleine Stückchen schneiden.

3 Das Ei mit Fett, Zucker, Vanillezucker, Buttermilch und 3 bis 4 Esslöffeln von dem Mandarinensaft verrühren. Mehl mit Speisestärke, Backpulver und Salz mischen, auf die Eimasse sieben und unterrühren, dann die Mandarinen unterheben.

4 Den Teig in die Muffinförmchen füllen. Für die Streusel alle Zutaten miteinander verkneten und auf die Teighäufchen streuen. Muffins 20 bis 25 Minuten backen, etwas abkühlen lassen, dann aus der Form lösen.

Mandel-Muffins

Fett oder Papierförmchen für die Backform	2 Eier
150 g Mehl	60 ml neutrales Öl
2 ½ TL Backpulver	100 g Zucker
1 Prise Salz	200 ml Milch
100 g gem. Mandeln	4 EL Mandellikör
100 g gehackte Mandeln	3 EL Mandelstifte

1 Backofen auf 200 °C vorheizen. Die Muffinförmchen einfetten oder Papierförmchen hineinsetzen. Mehl mit Backpulver in eine Schüssel sieben, mit Salz, gemahlenen und gehackten Mandeln vermischen.

2 Die Eier mit Öl, Zucker, Milch und 3 Esslöffel Mandellikör verquirlen. Die Mehlmischung unterheben und den Teig in die Förmchen füllen. Mandelstifte in dem restlichen Mandellikör wälzen und auf die Teighäufchen verteilen.

3 Die Muffins 20 bis 25 Minuten backen. Vor dem Herausnehmen aus der Form einige Minuten auskühlen lassen.

Marmeladen-Muffins

Fett oder Papierförmchen
   für die Backform
1 Ei
100 g Zucker
80 g weiche Butter oder
   Margarine

250 ml Milch
250 g Mehl
2 $\frac{1}{2}$ TL Backpulver
1 Prise Salz
12 TL beliebige Marmelade

1 Backofen auf 200 °C vorheizen. Die Muffinförmchen einfetten oder Papierförmchen in die Vertiefungen setzen.

2 Das Ei verquirlen, Zucker, Fett und Milch dazugeben und alles zu einem glatten Teig verrühren. Mehl, Backpulver und Salz darüber sieben und unterrühren.

3 Die Muffinförmchen zur Hälfte mit Teig füllen, jeweils 1 Teelöffel Marmelade darauf geben und anschließend vorsichtig mit Teig auffüllen.

4 Muffins etwa 20 bis 25 Minuten backen, etwas abkühlen lassen und aus der Form lösen.

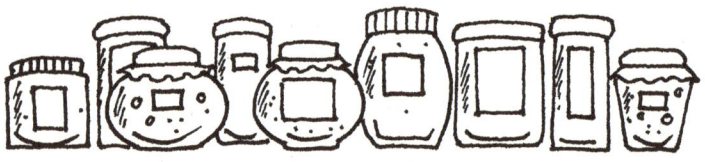

Marzipan-Kirsch-Muffins

Fett oder Papierförmchen
   für die Backform
12 Süßkirschen (frisch
   oder aus dem Glas)
2 cl Kirschwasser
100 g Marzipan-Rohmasse
125 g weiche Butter oder
   Margarine
100 g Zucker
1 Pck. Vanillezucker

2 Eier
100 ml Milch
250 g Mehl
2 ½ TL Backpulver
1 Prise Salz
Für den Guss
125 g Puderzucker
1–2 EL Kirschsaft
2 cl Kirschwasser

1 Backofen auf 200 °C vorheizen. Die Muffinförmchen einfetten oder Papierförmchen hineinsetzen. Die frischen Kirschen waschen und entsteinen. Kirschen aus dem Glas abtropfen lassen. Mit dem Kirschwasser verrühren.

2 Marzipan in kleine Stückchen schneiden und mit dem Fett geschmeidig rühren. Zunächst Zucker und Vanillezucker, dann Eier und Milch unterrühren. Mehl, Backpulver und Salz darüber sieben und untermischen.

3 Die Muffinförmchen zur Hälfte mit Teig füllen, jeweils eine Kirsche darauf legen und mit dem restlichen Teig auffüllen. 20 bis 25 Minuten backen, etwas auskühlen lassen und aus der Form lösen. Für den Guss Puderzucker mit Kirschsaft und Kirschwasser glatt rühren und auf die Muffins streichen.

Möhren-Muffins

Fett oder Papierförmchen
für die Backform
200 g Möhren
Saft und abger. Schale von
1 unbehandelten Zitrone
150 g Mehl
2 TL Backpulver
1/2 TL Natron
100 g gem. Haselnüsse

Je 1 Prise gem. Nelken,
Muskatnuss und Salz
1 Ei
130 g Rohrzucker
60 ml neutrales Öl
250 ml saure Sahne
Für den Guss
125 g Puderzucker
1 EL Zitronensaft
12 Marzipanmöhrchen

1 Backofen auf 200 °C vorheizen. Die Muffinförmchen einfetten oder Papierförmchen hineinsetzen. Möhren putzen und fein reiben. Mit Zitronensaft und -schale vermengen.

2 Mehl und Backpulver in eine Schüssel sieben, mit Natron, Nüssen, Gewürzen und Salz mischen. Das Ei leicht verquirlen, mit Zucker, Öl, Möhrenraspel und saurer Sahne verrühren. Die Mehlmischung unterheben und den Teig in die Förmchen füllen.

3 Nach 20 bis 25 Minuten Backzeit die Muffins einige Minuten abkühlen lassen, dann aus der Form nehmen.

4 Puderzucker mit Zitronensaft glatt rühren, die Muffins damit bestreichen und mit den Marzipanmöhrchen verzieren.

Möhren-Orangen-Muffins

Fett oder Papierförmchen
für die Backform
1 unbehandelte Orange
150 g Möhren
200 g Mehl
50 g Speisestärke
2 TL Backpulver
1/2 TL Natron
1 Prise Salz

50 g gehackte Mandeln
1 Ei
100 g Rohrzucker
60 ml neutrales Öl
250 ml Buttermilch
Für den Guss
125 g Puderzucker
2–3 EL Orangensaft

1 Backofen auf 200 °C vorheizen. Die Muffinförmchen einfetten oder Papierförmchen hineinsetzen. Von der Orange die Schale abreiben und den Saft auspressen. Die Möhren putzen und fein raspeln.

2 Mehl, Speisestärke und Backpulver in eine Schüssel sieben, mit Natron, Salz, gehackten Mandeln, Möhrenraspeln und Orangenschalen mischen.

3 Das Ei leicht verquirlen, mit Zucker, Öl und Buttermilch verrühren. Mehl-Möhren-Mischung kurz unterheben und den Teig in die Förmchen füllen.

4 Muffins 20 bis 25 Minuten backen, einige Minuten abkühlen lassen, dann aus der Form lösen. Den Puderzucker mit Orangensaft verrühren und die Muffins damit überziehen.

Mohn-Ananas-Muffins

Fett oder Papierförmchen
 für die Backform
3 EL gem. Mohn
200 ml Milch
3 Scheiben Dosen-Ananas
1 Ei
120 g Zucker

1 Pck. Vanillezucker
1 TL abger. Zitronenschale
80 ml neutrales Öl
250 g Mehl
2 ½ TL Backpulver
1 Prise Salz

1 Backofen auf 200 °C vorheizen. Die Muffinförmchen einfetten oder Papierförmchen hineinsetzen. Mohn in der lauwarmen Milch 10 Minuten einweichen. Ananasscheiben abtropfen lassen und klein schneiden.

2 Das Ei mit Zucker, Vanillezucker, Zitronenschale und Öl verrühren. Die Mohnmilch dazugießen. Mehl, Backpulver und Salz über die Eiermasse sieben und kurz unterrühren.

3 Den Teig in die Muffinförmchen füllen und 20 bis 25 Minuten backen. Einige Minuten auskühlen lassen und aus der Form lösen.

Mohn-Marzipan-Muffins

Fett oder Papierförmchen
  für die Backform
3 EL gem. Mohn
150 ml Milch
100 g Marzipan-Rohmasse
125 g weiche Butter oder
  Margarine

100 g Zucker
1 Pck. Vanillezucker
1 Ei
200 g Mehl
50 g Speisestärke
2 ½ TL Backpulver
1 Prise Salz

1 Backofen auf 200 °C vorheizen. Die Muffinförmchen einfetten oder Papierförmchen hineinsetzen. Mohn in der lauwarmen Milch 10 Minuten einweichen.

2 Marzipan mit dem Fett geschmeidig rühren, dann Zucker und Vanillezucker, das Ei und die Mohnmilch dazugeben.

3 Mehl mit Speisestärke, Backpulver und Salz mischen, über die Eiermasse sieben und kurz unterrühren. Den Teig in die Muffinförmchen füllen und 20 bis 25 Minuten backen. Einige Minuten auskühlen lassen und aus der Form lösen.

Mozart-Muffins

Fett oder Papierförmchen
für die Backform
100 g Nougat
120 g Mehl
2 ½ TL Backpulver
1 Prise Salz
100 g gem. Mandeln oder
Haselnüsse
100 g Marzipan-Rohmasse

100 g weiche Butter oder Margarine
80 g Puderzucker
1 Pck. Vanillezucker
1 Ei
250 ml Milch
Für den Guss
100 g Nougat
3 EL ungesalzene Pistazienkerne

1 Backofen auf 200 °C vorheizen. Die Muffinförmchen einfetten oder Papierförmchen in die Vertiefungen setzen.

2 Das Nougat in kleine Stückchen schneiden. Mehl und Backpulver in eine Schüssel sieben. Salz, Mandeln oder Haselnüsse und Nougatstückchen untermischen.

3 Die Marzipanmasse mit Fett geschmeidig rühren. Nacheinander Puderzucker, Vanillezucker, das Ei und die Milch dazugeben. Zuletzt die Mehlmischung unterrühren.

4 Den Teig in die Muffinförmchen füllen und 20 bis 25 Minuten backen. Kurz auskühlen lassen und aus der Form lösen.

5 Für den Guss das Nougat schmelzen und auf die Muffins streichen. Mit grob gehackten Pistazienkernen bestreuen.

Müsli-Muffins

Fett oder Papierförmchen
für die Backform
125 g Mehl
1 ½ TL Backpulver
½ TL Natron
1 Prise Salz
Abger. Schale von 1 Zitrone
2 EL Rosinen

80 g Haferflocken
80 g Cornflakes
2 Eier
80 ml neutrales Öl
100 g Rohrzucker
150 g Jogurt
3–4 EL Milch

1 Backofen auf 200 °C vorheizen. Die Muffinförmchen einfetten oder Papierförmchen in die Vertiefungen setzen.

2 Mehl und Backpulver in eine Rührschüssel sieben. Natron, Salz, Zitronenschale, Rosinen, Haferflocken und die zerdrückten Cornflakes zufügen und gut untermischen.

3 In einer separaten Rührschüssel die Eier mit Öl, Zucker, Jogurt und Milch zu einer glatten Masse verrühren.

4 Die Mehlmischung unterrühren, den Teig in die Förmchen füllen und 20 bis 25 Minuten backen. Vor dem Herausnehmen aus der Form etwas abkühlen lassen.

___Variante___
Statt Rosinen, Haferflocken und Cornflakes können Sie auch 200 Gramm Müslimischung nehmen.

Nuss–Apfel–Muffins

Fett oder Papierförmchen
für die Backform
150 g Mehl
1 ½ TL Backpulver
½ TL Natron
1 Prise Salz
½ TL gem. Zimt
100 g gem. Haselnüsse

1–2 Äpfel (220 g)
2 TL Zitronensaft
1 Ei
60 ml neutrales Öl
5 EL Honig
250 ml Buttermilch
4 EL gehackte oder
12 ganze Haselnüsse

1 Backofen auf 200 °C vorheizen. Die Muffinförmchen einfetten oder Papierförmchen in die Vertiefungen setzen.

2 Mehl mit Backpulver in eine Schüssel sieben, mit Natron, Salz, Zimt und gemahlenen Haselnüssen vermischen.

3 Äpfel schälen, von den Kerngehäusen befreien und grob raspeln. Mit Zitronensaft beträufeln.

4 In einer Rührschüssel das Ei mit Öl, Honig und Buttermilch verquirlen. Die Apfelraspel hineinrühren und die Mehlmischung unterheben.

5 Den Teig in die Förmchen füllen, jeweils etwas gehackte oder eine ganze Haselnuss auf jeden Muffin legen. 20 bis 25 Minuten backen, bis die Muffins goldbraun sind. Vor dem Herausnehmen aus der Form einige Minuten auskühlen lassen.

Orangen-Campari-Muffins

Fett oder Papierförmchen
für die Backform
1 unbehandelte Orange
1 Orange
250 g Mehl
2 TL Backpulver
1/2 TL Natron

1/2 TL gem. Zimt
2 Eier
100 g Rohrzucker
80 ml neutrales Öl
Für den Guss
100 g Puderzucker
3 EL Campari

1 Backofen auf 200 °C vorheizen. Die Muffinförmchen einfetten oder Papierförmchen in die Vertiefungen setzen.

2 Von der unbehandelten Orange mit dem Zestenreißer einige Schalenstreifen zum Verzieren abreißen, die übrige Schale abreiben und beide Früchte auspressen (sollte etwa 200 Milliliter Orangensaft ergeben).

3 Mehl und Backpulver mischen und in eine Schüssel sieben. Mit Natron, Orangenschalen und Zimt mischen.

4 Die Eier leicht verquirlen, mit Zucker, Öl und Orangensaft verschlagen. Die Mehlmischung unterheben und den Teig in die Förmchen füllen. 20 bis 25 Minuten backen, etwas abkühlen lassen und aus der Form lösen.

5 Puderzucker mit Campari glatt rühren und auf die Muffins streichen. Mit den Orangenschalenstreifen dekorieren.

Orangen-Dattel-Muffins

Fett oder Papierförmchen
  für die Backform
1 unbehandelte Orange
1 Orange
100 g Datteln
250 g Mehl
2 TL Backpulver

1 Prise Salz
1 Msp. ger. Muskatnuss
1 Ei
100 g weiche Butter oder Margarine
120 g Rohrzucker
100 g Jogurt natur

1 Backofen auf 200 °C vorheizen. Die Muffinförmchen einfetten oder Papierförmchen in die Vertiefungen setzen.

2 Schale von der unbehandelten Orange abreiben und beide Früchte auspressen. Die Datteln entkernen und sehr fein schneiden.

3 Mehl und Backpulver in eine Schüssel sieben, mit Salz, Muskatnuss, fein geriebener Orangenschale und Dattelstückchen mischen.

4 Das Ei mit Fett, Zucker, Jogurt und 125 Milliliter Orangensaft verquirlen. Die Mehlmischung darauf geben und kurz unterrühren.

5 Den Teig in die Muffinförmchen füllen und 20 bis 25 Minuten backen, bis sie schön aufgegangen und goldbraun sind. Einige Minuten abkühlen lassen und aus der Form lösen.

Orangen-Schoko-Muffins

Fett oder Papierförmchen
   für die Backform
1 unbehandelte Orange
200 g Mehl
2 ½ TL Backpulver
1 Prise Salz
4 EL Schokotropfen oder
   gehackte Halbbitterkuvertüre

1 Ei
125 g Zucker
80 ml neutrales Öl
100 ml Buttermilch
Für den Guss
125 g Puderzucker
3 EL Schokostreusel

1 Backofen auf 200 °C vorheizen. Die Muffinförmchen einfetten oder Papierförmchen in die Vertiefungen setzen. Von der Orange die Schale abreiben und die Frucht auspressen (sollte etwa 125 Milliliter ergeben).

2 Mehl mit Backpulver in eine Schüssel sieben, mit Salz, Orangenschale und Schokotropfen mischen.

3 In einer separaten Schüssel das Ei leicht verquirlen, mit Zucker, Öl, Buttermilch und Orangensaft (bis auf 2 Esslöffel) verschlagen. Die Mehlmischung kurz unterheben.

4 Den Teig in die Förmchen füllen. 20 bis 25 Minuten backen, etwas abkühlen lassen und aus der Form lösen.

5 Puderzucker mit dem übrigen Orangensaft glatt rühren, auf die Muffins streichen. Schokostreusel darüber streuen.

Papaya-Ananas-Muffins

Fett oder Papierförmchen
  für die Backform
1 kleine Papaya
100 g Dosen-Ananas
250 g Mehl
2 ½ TL Backpulver
½ TL Natron

1 Prise Salz
1 Ei
100 g Rohrzucker
1 Pck. Vanillezucker
80 ml neutrales Öl
150 ml Buttermilch
Puderzucker zum Bestäuben

1 Backofen auf 200 °C vorheizen. Die Muffinförmchen einfetten oder Papierförmchen in die Vertiefungen setzen.

2 Papaya schälen, von den Kernen befreien und in kleine Stücke schneiden. Ananas abtropfen lassen, den Saft auffangen und sehr klein schneiden.

3 Mehl mit Backpulver in eine Schüssel sieben, mit Natron, Salz und Papayastückchen mischen.

4 In einer separaten Schüssel das Ei mit Zucker, Vanillezucker, Öl, Buttermilch und 100 Milliliter von dem aufgefangenen Ananassaft verquirlen. Papaya-Mehl-Mischung dazugeben und kurz verrühren, zuletzt die Ananasstückchen unterheben.

5 Den Teig in die Muffinförmchen füllen und 20 bis 25 Minuten backen. Einige Minuten abkühlen lassen und aus der Form lösen. Mit Puderzucker bestäubt servieren.

Pfirsich-Melba-Muffins

Fett oder Papierförmchen
  für die Backform
2–3 frische Pfirsiche oder
  240 g (Abtropfgewicht)
  Pfirsichstücke aus der Dose
1 Ei
100 g Zucker
100 g weiche Butter oder Margarine
1/2 Pck. Vanillezucker
3–4 Tropfen Bittermandelöl

150 g Jogurt natur
100 ml Milch
250 g Mehl
2 TL Backpulver
1 Prise Salz
150 g Himbeermarmelade
Für den Guss
3 EL Himbeermarmelade
2 EL Wasser
4 EL Mandelblättchen

1 Ofen auf 200 °C vorheizen. Die Förmchen einfetten.

2 Frische Pfirsiche blanchieren, häuten und vom Stein befreien, Dosen-Pfirsiche abtropfen lassen. In kleine Stücke schneiden. Ei mit Zucker, Fett, Vanillezucker, Bittermandelöl, Jogurt und Milch verrühren. Mehl, Backpulver und Salz darüber sieben. Zusammen mit den Pfirsichstücken unterheben.

3 Förmchen zur Hälfte mit Teig füllen, jeweils 1 Teelöffel Himbeermarmelade darauf setzen und mit Teig auffüllen. 20 bis 25 Minuten backen, abkühlen und aus der Form nehmen.

4 Für den Guss 3 Esslöffel Himbeermarmelade durch ein Sieb streichen und mit 2 Esslöffel Wasser glatt rühren. Die Muffins damit bestreichen und mit den Mandelblättchen bestreuen.

Pfirsich-Muffins

Fett oder Papierförmchen
für die Backform
2–3 Pfirsiche oder 240 g
Pfirsichstücke aus der Dose
1 Ei, 80 g Zucker
100 g weiche Butter oder
Margarine
1/2 Pck. Vanillezucker
3–4 Tropfen Bittermandelöl

200 ml Milch
5 EL süße Sahne
200 g Mehl
50 g Speisestärke
2 TL Backpulver, Salz
Für den Guss
3 EL Pfirsichmarmelade
1–2 EL Wasser
3 EL gehackte Pistazien

1 Ofen auf 200 °C vorheizen. Die Muffinförmchen einfetten. Frische Pfirsiche blanchieren, häuten, vom Stein befreien und in kleine Stücke schneiden. Dosen-Pfirsiche abtropfen lassen, den Saft dabei auffangen und klein schneiden.

2 Das Ei mit Zucker, Fett, Vanillezucker, Bittermandelöl, Milch und Sahne verrühren. Mehl, Speisestärke, Backpulver und 1 Prise Salz vermengen und auf die Eimischung sieben. Erst die Mehlmischung, dann die Pfirsichstücke unterheben.

3 Den Teig in die Förmchen füllen und 20 bis 25 Minuten backen. Vor dem Herausnehmen aus der Form einige Minuten abkühlen lassen. Für den Guss die Pfirsichmarmelade durch ein Sieb streichen und mit Wasser glatt rühren. Die Muffins gleichmäßig damit bestreichen und mit den gehackten Pistazienkernen bestreuen.

Pflaumen-Zimt-Muffins

Fett oder Papierförmchen
für die Backform
200 g Pflaumen (frisch
oder aus dem Glas)
150 g Mehl
2 TL Backpulver
1/2 TL Natron
1 Prise Salz
100 g gem. Mandeln

1 1/2 TL gem. Zimt
1 Msp. gem. Nelken
1/2 TL abger. Zitronenschale
1 Ei
120 g Rohrzucker
80 ml neutrales Öl
200 ml Buttermilch
2 EL Zucker

1 Backofen auf 200 °C vorheizen. Die Muffinförmchen einfetten oder Papierförmchen in die Vertiefungen setzen.

2 Frische Pflaumen waschen. Pflaumen aus dem Glas abtropfen lassen. Das Fruchtfleisch klein schneiden.

3 Mehl mit Backpulver in eine Schüssel sieben, mit Natron, Salz, gemahlenen Mandeln, 1 Teelöffel Zimt, Nelken und Zitronenschale gut vermengen.

4 Das Ei mit Zucker, Öl und Buttermilch verschlagen. Die Mehlmischung und die Pflaumenstücke unterrühren.

5 Den Teig in die Förmchen füllen, mit Zucker und restlichem Zimt bestreuen und 20 bis 25 Minuten backen. Einige Minuten abkühlen lassen und aus der Form nehmen.

Pina-Colada-Muffins

Fett oder Papierförmchen
für die Backform
200 g Dosen-Ananas
180 g Mehl
2 TL Backpulver
1 Prise Salz
80 g Kokosflocken
1 Ei
120 g Rohrzucker

80 ml neutrales Öl
100 ml Kokosmilch
70 ml Orangensaft
2 cl Rum
Für den Guss
125 g Puderzucker
1–2 EL Ananassaft
1 EL Rum
4 EL Kokosflocken

1 Backofen auf 200 °C vorheizen. Die Muffinförmchen einfetten oder Papierförmchen hineinsetzen. Ananas abtropfen lassen und sehr fein schneiden (den Saft dabei auffangen).

2 Mehl mit Backpulver in eine Schüssel sieben, mit Salz und Kokosflocken mischen.

3 Das Ei mit Zucker, Öl, Kokosmilch, Orangensaft, Rum und 70 Milliliter von dem aufgefangenen Ananassaft verquirlen. Mehlmischung dazugeben und kurz verrühren, zuletzt die Ananasstückchen unterheben.

4 Den Teig in die Muffinförmchen füllen und 20 bis 25 Minuten backen. Kurz abkühlen lassen und aus der Form lösen. Puderzucker mit Ananassaft und Rum glatt rühren und auf die Muffins streichen. Mit Kokosflocken bestreuen.

Preiselbeer-Streusel-Muffins

Fett oder Papierförmchen
  für die Backform
250 g Mehl
2 1/2 TL Backpulver
1 Prise Salz
1 Msp. gem. Zimt
1 Msp. gem. Nelken
1 TL ger. Zitronenschale
2 Eier
100 g Zucker

100 g weiche Butter oder Margarine
150 g Schmand
4 EL Milch
200 g Preiselbeeren aus dem Glas
Für die Streusel
60 g Mehl
1 TL gem. Zimt
3 EL Rohrzucker
4 EL weiche Butter

1 Backofen auf 200 °C vorheizen. Die Muffinförmchen einfetten oder Papierförmchen in die Vertiefungen setzen.

2 Mehl und Backpulver in eine Schüssel sieben, mit Salz, Zimt, Nelken und Zitronenschalen mischen.

3 Die Eier verquirlen, Zucker, Butter oder Margarine, Schmand, Milch und zuletzt die Preiselbeeren dazurühren.

4 Die Mehlmischung vorsichtig unterheben und den Teig in die Muffinförmchen füllen.

5 Mehl, Zimt, Zucker und Butter verkneten und auf die Teighäufchen krümeln. Muffins 20 bis 25 Minuten backen, etwas abkühlen lassen und aus der Form lösen.

Quark-Rosinen-Muffins

Fett oder Papierförmchen
   für die Backform
1 Ei
60 ml neutrales Öl
3 EL Honig
200 g Quark
50 ml Milch
3–4 Tropfen Vanillearoma

100 g Rosinen
250 g Mehl
2 ½ TL Backpulver
1 Prise Salz
Für die Glasur
250 g Honig
1 EL Butter

1 Backofen auf 200 °C vorheizen. Die Muffinförmchen einfetten oder Papierförmchen hineinsetzen. Das Ei leicht verquirlen, mit Öl, Honig, Quark, Milch und Vanillearoma verrühren. Die Rosinen dazugeben.

2 Mehl, Backpulver und Salz auf die Eimischung sieben und kurz unterheben. Den Teig in die Muffinförmchen füllen und 20 bis 25 Minuten backen. Einige Minuten abkühlen lassen und aus der Form lösen.

3 Den Honig mit Butter unter Rühren aufkochen und die Quark-Rosinen-Muffins damit überziehen.

Rhabarber-Kokos-Muffins

Fett oder Papierförmchen
 für die Backform
200 g Rhabarber
1 Ei
80 ml neutrales Öl
150 g Rohrzucker
100 ml Kokosmilch
150 ml Milch

250 g Mehl
1 ½ TL Backpulver
½ TL Natron
1 Prise Salz
Für den Guss
125 g Puderzucker
2–3 EL Wasser
5 EL Kokosflocken

1 Backofen auf 200 °C vorheizen. Die Muffinförmchen einfetten oder Papierförmchen in die Vertiefungen setzen. Rhabarber putzen und in kleine Stücke schneiden.

2 Das Ei in einer Rührschüssel mit Öl, Zucker, Kokosmilch und Milch verrühren. Dann die Rhabarberstückchen in den Teig geben und unterrühren.

3 Mehl, Backpulver, Natron und Salz in einer Schüssel gut mischen und über die Eimasse sieben. Alles kurz verrühren und in die Muffinförmchen füllen.

4 In den Ofen geben und 20 bis 25 Minuten backen. Einige Minuten abkühlen lassen und aus der Form nehmen.

5 Puderzucker mit Wasser glatt rühren. Die Muffins damit bestreichen und die Kokosflocken darüber streuen.

Rhabarber-Vanille-Muffins

Fett oder Papierförmchen
  für die Backform
150 g Rhabarber
1 Vanilleschote
250 ml Milch
1 Ei
150 g Rohrzucker
80 ml neutrales Öl

250 g Mehl
1 ½ TL Backpulver
½ TL Natron
1 Prise Salz

Zum Beträufeln
1 EL Butter
1 EL Vanillezucker
1 TL gem. Zimt

1 Backofen auf 200 °C vorheizen. Die Muffinförmchen einfetten oder Papierförmchen hineinsetzen. Rhabarber putzen und in kleine Stücke schneiden.

2 Die Vanilleschote aufschlitzen, das Mark herausschaben und mit der Schote in der Milch erwärmen. Die Schote entfernen und die Milch wieder abkühlen lassen.

3 Das Ei in einer Rührschüssel mit Zucker, Öl und der Vanillemilch verrühren. Dann die Rhabarberstückchen dazugeben. Mehl, Backpulver, Natron und Salz gut mischen und über die Eimasse sieben. Alles kurz verrühren.

4 Den Teig in die Muffinförmchen füllen. 20 bis 25 Minuten backen, einige Minuten abkühlen lassen und aus der Form nehmen. Butter schmelzen, Vanillezucker und Zimt hineinrühren und auf die Muffins träufeln.

Rosinen-Muffins

Fett oder Papierförmchen
   für die Backform
100 g Rosinen
2 EL Rum
200 g Mehl
50 g Speisestärke
2 1/2 TL Backpulver
1 Prise Salz
50 g Haferflocken

1 Ei
80 ml neutrales Öl
100 g Zucker
1/2 Pck. Vanillezucker
250 ml Milch
Für den Guss
3 EL Aprikosenmarmelade
2 EL Rum
3 EL Mandelstifte

1 Backofen auf 200 °C vorheizen. Die Muffinförmchen einfetten oder Papierförmchen in die Vertiefungen setzen. Die Rosinen in dem Rum einweichen.

2 Mehl, Speisestärke und Backpulver in eine Schüssel sieben und mit Salz und Haferflocken mischen.

3 Das Ei mit Öl, Zucker, Vanillezucker und Milch verquirlen. Die Rumrosinen und dann die Mehlmischung unterrühren.

4 Den Teig in die Förmchen füllen und 20 bis 25 Minuten backen. Kurz abkühlen lassen, dann aus der Form lösen.

5 Für den Guss die Aprikosenmarmelade durch ein Sieb streichen, mit dem Rum glatt rühren und auf den Muffins verstreichen. Die Mandelstifte darüber streuen.

Sangria-Muffins

Fett oder Papierförmchen	120 g Rohrzucker
für die Backform	100 g weiche Butter
1 unbehandelte Orange	1 Pck. Vanillezucker
1 unbehandelte Zitrone	5 EL Rotwein
250 g Mehl	2 cl Orangenlikör
2 TL Backpulver	100 ml Buttermilch
1/2 TL Natron	**Für den Guss**
1 Prise Salz	125 g Puderzucker
1/2 Apfel	1–2 EL Rotwein
1 Ei	1 TL Rum

1 Ofen auf 200 °C vorheizen. Die Förmchen einfetten. Einige Schalenstreifen von Orange und Zitrone abschälen, beiseite legen. Übrige Schalen abreiben, Früchte auspressen.

2 Mehl und Backpulver sieben. Mit Natron, Salz sowie den abgeriebenen Schalen mischen. Apfel schälen, vom Kerngehäuse befreien und raspeln. Ei mit Zucker, Butter, Vanillezucker, Rotwein, Orangenlikör, Buttermilch und 5 Esslöffeln des ausgepressten Safts verrühren.

3 Erst die Apfelraspel, dann die Mehlmischung unterheben. Den Teig in die Förmchen füllen und 20 bis 25 Minuten backen. Kurz abkühlen lassen, aus der Form lösen. Puderzucker mit Rotwein und Rum glatt rühren und auf die Muffins streichen. Mit Orangen- und Zitronenschalen dekorieren.

Schoko-Kokos-Muffins

Fett oder Papierförmchen
für die Backform
200 g Mehl
2 ½ TL Backpulver
1 Prise Salz
3 EL dunkles Kakaopulver
60 g Kokosflocken
2 Eier

125 g Rohrzucker
1 Pck. Vanillezucker
125 g weiche Butter oder Margarine
150 ml Milch
100 ml Kokosmilch
Für den Guss
200 g Halbbitterkuvertüre
3 EL Kokosflocken

1 Backofen auf 200 °C vorheizen. Die Muffinförmchen einfetten oder Papierförmchen in die Vertiefungen setzen.

2 Mehl und Backpulver in eine Schüssel sieben, mit Salz, Kakaopulver und Kokosflocken mischen.

3 In einer separaten Rührschüssel Eier mit Zucker, Vanillezucker, Fett, Milch und Kokosmilch verrühren. Die Mehlmischung dazugeben und vorsichtig unterheben.

4 Den Teig in die Muffinförmchen füllen und 20 bis 25 Minuten backen, bis die Muffins schön aufgegangen und goldbraun sind. Einige Minuten abkühlen lassen und aus der Form lösen.

5 Für den Guss die Halbbitterkuvertüre im heißen Wasserbad schmelzen und die Muffins damit gleichmäßig überziehen. Die Kokosflocken auf den noch feuchten Guss streuen.

Schoko-Muffins

Fett oder Papierförmchen
für die Backform
2 Eier
100 g weiche Butter oder
Margarine
100 g Rohrzucker
200 ml Milch

250 g Mehl
2 ½ TL Backpulver
1 Prise Salz
3-4 EL Schokotropfen oder
gehackte Zartbitterschokolade
Für den Guss
200 g Zartbitterkuvertüre

1 Backofen auf 200 °C vorheizen. Die Muffinförmchen einfetten oder Papierförmchen hineinsetzen. Anschließend die Eier mit Fett, Zucker und Milch verquirlen.

2 Mehl, Backpulver und Salz mischen, auf die Eimasse sieben und kurz unterrühren.

3 Die Schokostückchen untermischen und den Teig in die Förmchen füllen. 20 bis 25 Minuten backen, etwas abkühlen lassen und aus der Form lösen. Kuvertüre im heißen Wasserbad schmelzen und auf die abgekühlten Muffins streichen.

Schwarzwälder-Kirsch-Muffins

Fett oder Papierförmchen
  für die Backform
150 g Sauerkirschen aus dem Glas
125 g weiche Butter oder Margarine
100 g Zartbitterschokolade
2 Eier
100 g Rohrzucker
1 Pck. Vanillezucker
150 g Schmand

250 g Mehl
2 ½ TL Backpulver
1 Prise Salz
Zum Dekorieren
4 EL Kirschwasser
200 ml süße Sahne
1 Pck. Sahnesteif
12 Sauerkirschen
3 EL Schokostreusel

1 Ofen auf 200 °C vorheizen. Die Förmchen einfetten. Sauerkirschen abtropfen lassen, den Saft auffangen.

2 Das Fett mit der Schokolade im heißen Wasserbad schmelzen und wieder abkühlen lassen.

3 Die Eier mit Zucker, Vanillezucker und Schmand verrühren und die Schokobutter dazugeben. Mehl, Backpulver und Salz über die Schokomasse sieben und vorsichtig unterrühren.

4 Die Förmchen mit dem Teig füllen und 20 bis 25 Minuten backen. Nach kurzer Abkühlzeit aus der Form lösen.

5 Muffins mit dem Kirschwasser beträufeln. Sahne mit Sahnesteif steif schlagen und mit dem Spritzbeutel auf die Muffins geben. Mit je einer Kirsche und Schokostreuseln garnieren.

Schwarz-weiße Muffins

Fett oder Papierförmchen
für die Backform
75 g weiße Kuvertüre
200 g Mehl
50 g Speisestärke
2 TL Backpulver
$\frac{1}{2}$ TL Natron
3 EL dunkles Kakaopulver
1 Prise Salz

1 Ei
120 g Zucker
1 Pck. Vanillezucker
80 ml neutrales Öl
250 ml Buttermilch
Für den Guss
200 g Halbbitterkuvertüre
50 g weiße Kuvertüre

1 Backofen auf 200 °C vorheizen. Die Muffinförmchen einfetten oder Papierförmchen hineinsetzen. Weiße Kuvertüre klein hacken. Mehl, Speisestärke und Backpulver in eine Schüssel sieben. Natron, Kakaopulver, Salz und Kuvertürestückchen sorgfältig untermengen.

2 In einer separaten Schüssel das Ei mit Zucker, Vanillezucker, Öl und Buttermilch verquirlen, dann die Mehlmischung vorsichtig unterrühren. Die Förmchen mit dem Teig füllen und 20 bis 25 Minuten backen. Etwas abkühlen lassen und aus der Form lösen.

3 Halbbitterkuvertüre und weiße Kuvertüre getrennt im heißen Wasserbad schmelzen. Die Muffins mit der dunklen Kuvertüre gleichmäßig überziehen, fest werden lassen und mit der weißen Kuvertüre dünne Linien darüber malen.

Stracciatella-Muffins

Fett oder Papierförmchen
für die Backform
250 g Mehl
2 ½ TL Backpulver
1 Prise Salz
50 g Schokotröpfchen
100 g Marzipan-Rohmasse

100 g weiche Butter oder Margarine
80 g Puderzucker
1 Pck. Vanillezucker
1 Ei
200 ml Milch
Für den Guss
200 g Vollmilchkuvertüre

1 Backofen auf 200 °C vorheizen. Die Muffinförmchen einfetten oder Papierförmchen in die Vertiefungen setzen.

2 Das Mehl mit dem Backpulver in eine Schüssel sieben und mit Salz und Schokotröpfchen mischen.

3 Die Marzipan-Rohmasse mit dem Fett geschmeidig rühren, dann Puderzucker, Vanillezucker, Ei und Milch dazugeben.

4 Die Mehl-Schoko-Mischung kurz unterheben und den Teig in die Muffinförmchen füllen.

5 Die Muffins in den Ofen geben und 20 bis 25 Minuten backen, bis sie schön aufgegangen und goldbraun sind. Einige Minuten auskühlen lassen und aus der Form nehmen.

6 Für den Guss die Kuvertüre im heißen Wasserbad schmelzen und die Muffins damit überziehen.

Tiramisu-Muffins

Fett oder Papierförmchen
für die Backform
100 g Löffelbiskuits
150 g Mehl
2 ½ TL Backpulver
1 Prise Salz
1 Ei
120 g Zucker
1 Pck. Vanillezucker

60 g weiche Butter oder Margarine
100 g Mascarpone
5-6 EL Milch
4 EL kalter Espresso

Zum Bestreichen
150 g Mascarpone
2 EL Mandellikör
Kakaopulver zum Bestäuben

1 Backofen auf 200 °C vorheizen. Die Muffinförmchen einfetten oder Papierförmchen in die Vertiefungen setzen.

2 Die Löffelbiskuits grob zerbröseln. Mehl und Backpulver in eine Schüssel sieben, mit Salz und Löffelbiskuits mischen.

3 In einer separaten Schüssel das Ei mit Zucker, Vanillezucker, Fett, Mascarpone, Milch und Espresso verrühren. Die Löffelbiskuitmischung vorsichtig unterheben.

4 Den Teig in die Förmchen füllen und 20 bis 25 Minuten backen, bis die Muffins schön aufgegangen und goldbraun sind. Einige Minuten auskühlen lassen und aus der Form nehmen.

5 Mascarpone mit Mandellikör verrühren und auf die Muffins streichen. Mit Kakaopulver bestäuben.

Trauben-Muffins

Fett oder Papierförmchen
   für die Backform
200 g kernlose weiße Trauben
1 Ei
125 g weiche Butter oder
   Margarine
100 g Zucker
1 Pck. Vanillezucker

200 ml Milch
4 EL Grappa
250 g Mehl
2 ½ TL Backpulver
1 Prise Salz
Für den Guss
125 g Puderzucker
2 EL Grappa

1 Backofen auf 200 °C vorheizen. Die Muffinförmchen einfetten oder Papierförmchen in die Vertiefungen setzen. Die
Trauben waschen und trockenreiben.

2 In einer Rührschüssel das Ei mit Fett, Zucker, Vanillezucker,
Milch und Grappa verquirlen, die Weintrauben unterrühren.
Mehl, Backpulver und Salz mischen, über die Eiermasse sieben
und vorsichtig unterheben.

3 Den Teig in die Förmchen füllen und 20 bis 25 Minuten
backen. Die Muffins einige Minuten abkühlen lassen, dann aus
der Form lösen. Für den Guss den Puderzucker mit Grappa
glatt rühren und auf die Muffins streichen.

___Variante___
Für die alkoholfreie Muffin-Variante ersetzen Sie den Grappa durch die
gleiche Menge weißen Traubensaft.

Walnuss-Marzipan-Muffins

Fett oder Papierförmchen
für die Backform
200 g Mehl
2 TL Backpulver
1 Prise Salz
50 g gehackte Walnusskerne
100 g Marzipan-Rohmasse

125 g weiche Butter oder Margarine
100 g Zucker
1 Pck. Vanillezucker
2 Eier
200 ml Milch
12 halbe Walnusskerne

1 Backofen auf 200 °C vorheizen. Die Muffinförmchen einfetten oder Papierförmchen in die Vertiefungen setzen. Mehl und Backpulver in eine Schüssel sieben, mit Salz und gehackten Walnusskernen vermischen.

2 Marzipan in kleine Stückchen schneiden und mit dem Fett in einer separaten Schüssel geschmeidig rühren. Zunächst Zucker und Vanillezucker, dann Eier und Milch unterrühren. Zuletzt das Mehlgemisch unterheben.

3 Den Teig in die Förmchen füllen, jeweils einen halben Walnusskern darauf legen und 20 bis 25 Minuten backen. Einige Minuten auskühlen lassen und aus der Form lösen.

Whisky-Muffins

Fett oder Papierförmchen
für die Backform
200 g Mehl
50 g Speisestärke
2 ½ TL Backpulver
1 Prise Salz
50 g gehackte Halbbitterkuvertüre
oder Bitterschokolade
1 Ei
120 g Rohrzucker

½ Pck. Vanillezucker
60 ml neutrales Öl
200 ml Milch
4 EL Whisky
Zur Dekoration
250 ml süße Sahne
1 Pck. Sahnesteif
3 EL Whiskylikör
3 EL Borkenschokolade

1 Backofen auf 200 °C vorheizen. Die Muffinförmchen einfetten oder Papierförmchen in die Vertiefungen setzen.

2 Mehl mit Speisestärke, Backpulver und Salz in eine Schüssel sieben und mit der gehackten Kuvertüre mischen.

3 In einer separaten Schüssel das Ei mit Zucker und Vanillezucker schaumig schlagen, Öl, Milch und Whisky unterrühren. Die Mehlmischung kurz unterheben. Den Teig in die Muffinförmchen füllen, 20 bis 25 Minuten backen, etwas abkühlen lassen, dann aus der Form lösen.

4 Sahne mit Sahnesteif steif schlagen, Whiskylikör unterheben, in einen Spritzbeutel geben und auf die Muffins spritzen. Mit Borkenschokolade verzieren.

Zimt-Muffins

Fett oder Papierförmchen
  für die Backform
200 g Mehl
2 TL Backpulver
1 Prise Salz
50 g gem. Mandeln

2 TL gem. Zimt
60 ml neutrales Öl
2 Eier
120 g Zucker
200 ml Milch

1 Backofen auf 200 °C vorheizen. Die Muffinförmchen einfetten oder Papierförmchen in die Vertiefungen setzen. Mehl mit Backpulver vermengen und in eine Schüssel sieben. Salz, Mandeln und Zimt gut unterrühren.

2 Das Öl mit den Eiern, dem Zucker und der Milch verquirlen, dann die Mehlmischung unterrühren.

3 Die Förmchen mit dem Teig füllen und etwa 20 bis 25 Minuten backen. Muffins einige Minuten auskühlen lassen und aus der Form nehmen.

Zitronen-Jogurt-Muffins

Fett oder Papierförmchen
  für die Backform
1 unbehandelte Zitrone
250 g Mehl
1 ½ TL Backpulver
½ TL Natron
1 Prise Salz
1 Ei

150 g Zucker
60 ml neutrales Öl
150 g Jogurt natur
100 ml Milch
Für den Guss
125 g Puderzucker
2–3 EL Zitronensaft

1 Backofen auf 200 °C vorheizen. Die Muffinförmchen einfetten oder Papierförmchen hineinsetzen. Die Zitronenschale abreiben und den Saft auspressen.

2 Mehl und Backpulver in eine Schüssel sieben, mit Natron, Salz und Zitronenschale verrühren.

3 In einer separaten Rührschüssel das Ei mit Zucker, Öl, Jogurt, Milch und Zitronensaft verquirlen. Die Mehlmischung unterheben und den Teig in die Förmchen füllen.

4 Die Muffins in den Ofen geben, 20 bis 25 Minuten backen, bis die Muffins schön aufgegangen und goldbraun sind. Einige Minuten auskühlen lassen und aus der Form nehmen.

5 Den Puderzucker mit Zitronensaft glatt rühren und auf die Muffins streichen.

Zitronen-Kirsch-Muffins

Fett oder Papierförmchen
   für die Backform
1 unbehandelte Zitrone
200 g Mehl
50 g Speisestärke
1 ½ TL Backpulver
½ TL Natron

1 Prise Salz
1 Ei
150 g Zucker
60 ml neutrales Öl
250 ml Buttermilch
24 Amarenakirschen
Puderzucker zum Bestäuben

1 Backofen auf 200 °C vorheizen. Die Muffinförmchen einfetten oder Papierförmchen in die Vertiefungen setzen.

2 Die Zitronenschale abreiben und den Saft auspressen.

3 Mehl, Speisestärke und Backpulver in eine Schüssel sieben. Mit Natron, Salz und Zitronenschale verrühren.

4 In einer separaten Schüssel das Ei verquirlen und mit Zucker, Öl, Buttermilch und Zitronensaft verrühren. Die Mehlmischung darauf geben und unterheben.

5 Die Förmchen zur Hälfte mit Teig füllen, je 2 Amarenakirschen darauf setzen und mit dem restlichen Teig auffüllen.

6 Muffins in den Ofen geben und 20 bis 25 Minuten backen. Einige Minuten auskühlen lassen und aus der Form nehmen. Zuletzt mit Puderzucker bestäuben.

Zwetschgen-Streusel-Muffins

Fett oder Papierförmchen
  für die Backform
200 g Zwetschgen
200 g Mehl
50 g Speisestärke
2 TL Backpulver
1/2 TL Natron
1 Prise Salz
1 Msp. gem. Nelken
1/2 TL abger. Zitronenschale

1 Ei
120 g Rohrzucker
80 ml neutrales Öl
250 ml Buttermilch
Für die Streusel
50 g Marzipan-Rohmasse
50 g Puderzucker
60 g weiche Butter oder Margarine
50 g gem. Mandeln
1/2 TL gem. Zimt

1 Backofen auf 200 °C vorheizen. Die Muffinförmchen einfetten oder Papierförmchen hineinsetzen. Zwetschgen waschen, entsteinen und in kleine Stücke schneiden.

2 Mehl mit Speisestärke und Backpulver in eine Schüssel sieben, mit Natron, Salz, Nelken und Zitronenschale gut vermengen. Zuletzt die Zwetschgenstücke unterrühren.

3 Ei mit Zucker, Öl und Buttermilch verschlagen. Die Mehlmischung unterheben und den Teig in die Förmchen füllen.

4 Für die Streusel alle Zutaten verkneten und auf den Teig streuen. Die Muffins in den Ofen geben und 20 bis 25 Minuten backen, bis sie schön aufgegangen und goldbraun sind. Einige Minuten abkühlen lassen, dann aus der Form nehmen.

Pikante Muffins

Muffins passen nicht nur auf die Kaffeetafel. Das vielseitige Gebäck lässt sich ebenso gut mit Gemüse, Kräutern, Fleisch und vielem mehr zubereiten. Ob als Abendessen, Imbiss für Zwischendurch oder zu einem Glas Wein oder Bier – in allen möglichen Geschmacksvarianten bringen die kleinen Kuchen Abwechslung auf den Tisch und begeistern immer wieder durch ihre einfache Zubereitung.

Auch diesem Kapitel ist wieder ein Grundrezept vorangestellt, das die Ausgangsbasis für die nachfolgenden und ihre eigenen Backideen bildet. Diesen Grundteig können Sie durch Zugabe von 200 Gramm beliebigem Gemüse oder Fleisch (z. B. Schinken, Salami, Bratenreste) und geriebenem Käse immer wieder neu variieren. Und dazu kommt natürlich noch die Vielfalt der Gewürze und Kräuter.

Apropos Käse: Zum Überbacken eignen sich neben anderen Sorten vor allem Emmentaler, mittelalter Gouda, Greyerzer, Raclette und Fontina.

Beim Fett liegen Sie mit neutralem Öl immer richtig. Aber was spricht dagegen, auch einmal mit verschiedenen, aromatischeren Ölen zu experimentieren? Neben dem beliebten Olivenöl können Sie für die pikanten Muffinsrezepte beispielsweise Walnussöl oder Kräuteröl nehmen. Butter und Margarine sind natürlich auch geeignet.

Grundrezept pikante Muffins

Fett oder Papierförmchen
für die Backform
250 g Mehl
2 TL Backpulver
1/2–1 TL Gewürze nach
Belieben (z. B. Kümmel,
Paprikapulver, Curry)

1–2 EL Kräuter nach Belieben
1–2 Eier
60 ml Öl oder 90 g weiche
Butter oder Margarine
250 ml Buttermilch oder
normale Milch
1/2 TL Salz

1 Backofen auf 200 °C vorheizen. Die Muffinförmchen einfetten oder Papierförmchen in die Vertiefungen setzen.

2 Mehl und Backpulver in eine Schüssel sieben, mit Salz und Gewürzen nach Wahl mischen.

3 Die Kräuter waschen und fein hacken.

4 Eier in einer separaten Schüssel leicht verquirlen, Fett, Kräuter und Milch dazugeben. Die Mehlmischung kurz unterrühren. Nicht zu lange rühren, sonst wird der Teig zäh.

5 Die Förmchen zu ¾ mit Teig füllen und auf der Mittelschiene des Ofens etwa 20 bis 25 Minuten backen, bis sie schön aufgegangen und goldbraun sind.

6 Die Muffins 5 bis 8 Minuten abkühlen lassen, aus der Form lösen und lauwarm servieren.

Curry-Kokos-Muffins

Fett oder Papierförmchen
für die Backform
80 g Sojabohnenkeime (frisch
oder aus dem Glas)
80 g Ananas (frisch oder aus
der Dose)
80 g Champignons aus der Dose
1/2 Bund Koriandergrün
250 g Mehl

2 TL Backpulver
1/2 TL Natron
1/2 TL Salz
1 TL scharfes Currypulver
1 getrocknete Chilischote
2 Eier
40 ml Öl
150 ml Buttermilch
50 ml Kokosmilch

1 Ofen auf 200 °C vorheizen. Die Muffinförmchen einfetten oder Papierförmchen in die Vertiefungen setzen.

2 Sojabohnenkeime abbrausen und abtropfen lassen. Frische Ananas schälen, Dosen-Ananas ebenso wie die Champignons abtropfen lassen. Alles in kleine Stücke schneiden. Koriander abbrausen, die Blättchen abzupfen und klein schneiden.

3 Mehl und Backpulver sieben, mit Natron, Salz, Curry und der zerbröselten Chilischote mischen. Sojabohnenkeime, Ananas, Champignons und Koriander untermischen.

4 In einer separaten Schüssel Eier mit Öl, Buttermilch und Kokosmilch verrühren. Die Mehlmischung unterheben und den Teig in die Muffinförmchen füllen. 20 bis 25 Minuten backen, etwas abkühlen lassen und aus der Form nehmen.

Geflügel-Muffins

Fett oder Papierförmchen
   für die Backform
100 g Stangensellerie
150 g gegartes Hähnchen-
   oder Putenfleisch
100 g Möhre
1/2 Bund Petersilie
150 g Mehl
100 g Maismehl

2 1/2 TL Backpulver
1/2 TL Salz
1/2 TL Paprikapulver
1/4 TL schwarzer Pfeffer aus
   der Mühle
1 Ei
50 ml Öl
250 ml Buttermilch
1 Knoblauchzehe

1 Backofen auf 200 °C vorheizen. Die Muffinförmchen einfetten. Sellerie waschen und in winzige Würfel schneiden. Das Fleisch ebenfalls klein würfeln. Die Möhre putzen und grob raspeln. Petersilie abbrausen und die Blättchen klein hacken.

2 Mehl, Maismehl und Backpulver in eine Schüssel sieben, mit Salz, Paprikapulver und Pfeffer mischen. Gemüse, Fleisch und Petersilie sorgfältig unterrühren.

3 In einer anderen Schüssel das Ei mit Öl und Buttermilch verquirlen, die geschälte Knoblauchzehe durch die Presse in den Teig drücken, die Mehlmischung dazugeben und unterrühren.

4 Den Teig in die Förmchen füllen und 20 bis 25 Minuten backen. Die Muffins etwas abkühlen lassen, aus der Form lösen und lauwarm servieren.

Gemüse-Muffins

Fett oder Papierförmchen
für die Backform
100 g Möhren
50 g Maiskörner aus der Dose
100 g Brokkoli
1 Knoblauchzehe
150 g Mehl
100 g Maismehl

2 ½ TL Backpulver
½ TL Salz
2 EL gehackte Petersilie
1 Ei
60 ml Öl
250 ml Buttermilch
50 g ger. Käse

1 Backofen auf 200 °C vorheizen. Die Muffinförmchen einfetten oder Papierförmchen in die Vertiefungen setzen.

2 Die Möhren putzen und fein würfeln, die Maiskörner gut abtropfen lassen. Den Brokkoli waschen, klein schneiden und eine Minute in kochendem Wasser blanchieren. Die Knoblauchzehe schälen und sehr fein hacken.

3 Mehl, Maismehl und Backpulver in eine Schüssel sieben, mit Salz, Petersilie und dem Gemüse mischen.

4 In einer anderen Schüssel das Ei mit Öl und Buttermilch verquirlen, die Mehl-Gemüse-Mischung kurz unterheben.

5 Den Teig in die Förmchen füllen und mit Käse bestreuen. Nach 20 bis 25 Minuten Backzeit die Muffins etwas abkühlen lassen und aus der Form nehmen.

Hawaii-Muffins

Fett oder Papierförmchen
   für die Backform
150 g Ananasstücke aus der Dose
100 g gekochter Schinken
   am Stück
250 g Mehl
2 ½ TL Backpulver

½ TL Salz
1 Ei
60 ml Öl
250 ml Buttermilch
Schwarzer Pfeffer aus der Mühle
50 g ger. Käse

1 Backofen auf 200 °C vorheizen. Die Muffinförmchen einfetten oder Papierförmchen hineinsetzen. Die Ananasstücke abtropfen lassen und klein schneiden, den Schinken würfeln.

2 Mehl mit Backpulver in eine Schüssel sieben, mit Salz, Ananasstückchen und Schinkenwürfeln vermischen.

3 In einer anderen Schüssel das Ei mit Öl und Buttermilch verquirlen, pfeffern und die Mehlmischung kurz unterheben.

4 Den Teig in die Förmchen füllen, mit Käse bestreuen und 20 bis 25 Minuten backen. Noch etwas abkühlen lassen und dann aus der Form nehmen.

Käse-Muffins

Fett oder Papierförmchen
für die Backform
150 g Mehl
2 ½ TL Backpulver
100 g Haferflocken
½ TL Salz

1 Prise ger. Muskatnuss
150 g ger. Käse
1 Ei
60 ml Öl
250 ml Buttermilch

1 Backofen auf 200 °C vorheizen. Die Muffinförmchen einfetten oder Papierförmchen hineinsetzen. Mehl und Backpulver in eine Schüssel sieben, mit Haferflocken, Salz, Muskatnuss und Käse (bis auf 3 Esslöffel) vermengen.

2 Das Ei mit Öl und Buttermilch verrühren und die Käse-Mehl-Mischung unterheben. Den Teig in die Förmchen füllen, mit dem restlichen Käse bestreuen und 20 bis 25 Minuten backen. Vor dem Herausnehmen aus der Form etwas abkühlen lassen.

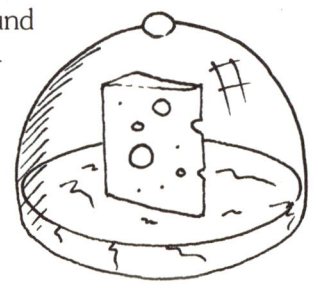

Käse-Zucchini-Muffins

Fett oder Papierförmchen
  für die Backform
150 g Zucchini
1 Schalotte
100 g Mehl
150 g Maismehl
2 ½ TL Backpulver

½ TL Salz
1 TL getrocknete italienische Kräuter
100 g ger. Käse
1 Ei
60 ml Öl
150 g Jogurt natur
100 ml Milch

1 Backofen auf 200 °C vorheizen. Die Muffinförmchen einfetten oder Papierförmchen in die Vertiefungen setzen.

2 Die Zucchini waschen und trocknen, Stiel- und Blütenansatz entfernen. Das Fruchtfleisch fein raspeln. Die Schalotte schälen und in feine Würfel schneiden.

3 Mehl, Maismehl und Backpulver in eine Schüssel sieben, mit Salz, Kräutern, Käse, geraspelten Zucchini und Schalottenwürfeln vermengen.

4 In einer separaten Schüssel das Ei verquirlen, mit Öl, Jogurt und Milch verrühren. Die Mehl-Gemüse-Mischung zu der Eimasse geben und vorsichtig mit einem Spatel untermischen.

5 Den Teig in die Förmchen füllen. Die Muffins 20 bis 25 Minuten backen, bis sie schön aufgegangen und goldbraun sind. Einige Minuten abkühlen lassen, dann aus der Form nehmen.

Kerndl-Muffins

Fett oder Papierförmchen
   für die Backform
Je 3 EL Sonnenblumenkerne
   und gehackte, geschälte
   Kürbiskerne
2 EL Sesamsamen

250 g Mehl
2 1/2 TL Backpulver
1/2 TL Salz
1 Ei
60 ml Öl
250 ml Buttermilch

1 Backofen auf 200 °C vorheizen. Die Muffinförmchen einfetten oder Papierförmchen in die Vertiefungen setzen.

2 Die Sonnenblumenkerne und die gehackten Kürbiskerne mit den Sesamsamen mischen.

3 Das Mehl mit dem Backpulver in eine Schüssel sieben, mit Salz und der Körnermischung (bis auf 3 Esslöffel) vermengen.

4 In einer separaten Schüssel das Ei mit Öl und Buttermilch verrühren. Anschließend die Mehl-Körner-Mischung vorsichtig mit einem Spatel unterheben.

5 Den Teig in die Förmchen füllen und mit den restlichen Körnern bestreuen. Das Muffinblech in den Ofen geben.

6 Die Muffins 20 bis 25 Minuten backen, bis sie schön aufgegangen und goldbraun sind. Einige Minuten abkühlen lassen, dann aus der Form nehmen.

Knoblauch-Muffins

Fett oder Papierförmchen
für die Backform
150 g Mehl
2 ½ TL Backpulver
100 g Haferflocken
1 TL Salz

Schwarzer Pfeffer aus der Mühle
100 g ger. herzhafter Käse
2 Eier
60 ml Olivenöl
200 g Schmand
3–4 junge Knoblauchzehen

1 Backofen auf 200 °C vorheizen. Die Muffinförmchen einfetten oder Papierförmchen in die Vertiefungen setzen.

2 Das Mehl mit dem Backpulver in eine Schüssel sieben, mit Haferflocken, Salz, frisch gemahlenem Pfeffer und dem geriebenen Käse mischen.

3 In einer separaten Schüssel die Eier verquirlen und mit dem Olivenöl und dem Schmand gut verrühren. Die Knoblauchzehen schälen, durch die Presse zu der Eiermasse drücken und noch einmal umrühren.

4 Die Mehlmischung vorsichtig unterheben und den Teig in die Muffinförmchen füllen.

5 Das Muffinblech in den Ofen geben und etwa 20 bis 25 Minuten backen, bis die Muffins schön aufgegangen und goldbraun sind. 5 bis 8 Minuten abkühlen lassen, dann aus der Form nehmen und lauwarm servieren.

Krabben-Muffins

Fett oder Papierförmchen	60 ml Öl
für die Backform	150 ml Jogurt natur
Einige Zweige Thymian	100 ml Milch
200 g Krabben	250 g Mehl
200 g Crème fraîche	2 ½ TL Backpulver
Schwarzer Pfeffer aus der Mühle	½ TL Salz
1 Ei	

1 Backofen auf 200 °C vorheizen. Die Muffinförmchen einfetten oder Papierförmchen in die Vertiefungen setzen.

2 Den Thymian abbrausen, die Blättchen abzupfen und mit den abgespülten Krabben, 100 Gramm Crème fraîche und frisch gemahlenem Pfeffer verrühren.

3 Das Ei in einer Schüssel mit Öl, Jogurt und Milch verrühren. Mehl, Backpulver und Salz mischen und über die Eimischung sieben. Alles miteinander vermengen.

4 Die Förmchen zur Hälfte mit Teig füllen, die Krabbencreme darauf verteilen und mit Teig auffüllen. In den Ofen geben und 20 bis 25 Minuten backen. Einige Minuten abkühlen lassen und aus der Form nehmen.

5 Vor dem Servieren jeweils 1 Esslöffel von der restlichen Crème fraîche auf die Muffins setzen.

Kräuter-Muffins

Fett oder Papierförmchen
  für die Backform
150 g Mehl
100 g Maismehl
2 TL Backpulver
½ TL Natron
1 TL Salz

Schwarzer Pfeffer aus der Mühle
2 EL frische, gehackte Kräuter
  (z. B. Petersilie, Schnittlauch,
  Majoran etc.)
1 Ei
60 ml Olivenöl
250 ml Buttermilch

1 Backofen auf 200 °C vorheizen. Die Muffinförmchen einfetten oder Papierförmchen in die Vertiefungen setzen.

2 Mehl, Maismehl und Backpulver in eine Schüssel sieben, mit Natron, Salz, frisch gemahlenem Pfeffer und den gehackten Kräutern mischen.

3 In einer separaten Schüssel das Ei mit Öl und Buttermilch verrühren. Das Kräutermehl vorsichtig unterheben und den Teig in die Muffinförmchen füllen.

4 Das Muffinblech in den Backofen geben und 20 bis 25 Minuten backen. Die Muffins herausnehmen, einige Minuten abkühlen lassen und aus der Form lösen.

___Tipp___
Servieren Sie die Muffins mit etwas Crème fraîche, auf die Sie zur Dekoration noch fein gehackte Kräuter Ihrer Wahl streuen können.

Kümmel-Muffins

Fett oder Papierförmchen für die Backform

250 g Mehl

2 ½ TL Backpulver

1 TL Salz

2 TL Kümmel

Schwarzer Pfeffer aus der Mühle

100 g ger. Käse

1 Ei

60 ml Öl

150 g Jogurt natur

100 ml Milch

1 Backofen auf 200 °C vorheizen. Die Muffinförmchen einfetten oder Papierförmchen in die Vertiefungen setzen.

2 Mehl und Backpulver in eine Schüssel sieben, mit Salz, Kümmel, Pfeffer und Käse mischen.

3 Das Ei mit Öl, Jogurt und Milch verrühren. Die Mehlmischung unterheben und den Teig in die Muffinförmchen füllen.

4 Nach 20 bis 25 Minuten Backzeit die Muffins herausnehmen, etwas abkühlen lassen und aus der Form lösen.

Kürbis-Möhren-Muffins

Fett oder Papierförmchen
für die Backform
150 g Möhren
200 g Kürbis
1/4 Bund glatte Petersilie
200 g Mehl
2 TL Backpulver
50 g Haferflocken

1/2 TL Natron
1/2 TL Salz
Je 1 Msp. gem. Nelken
und Kardamom
Weißer Pfeffer
1 Ei
60 ml Öl
200 ml Buttermilch

1 Backofen auf 200 °C vorheizen. Die Muffinförmchen einfetten oder Papierförmchen in die Vertiefungen setzen.

2 Möhren putzen, waschen und raspeln. Kürbis schälen, von Kernen und dem inneren, faserigen Fruchtfleisch befreien und ebenfalls raspeln. Petersilie abbrausen und klein schneiden.

3 Mehl und Backpulver in eine Schüssel sieben, mit Haferflocken, Natron, Salz, Gewürzen und Pfeffer durchmischen. Möhren- und Kürbisraspel sowie die Petersilie gut untermengen.

4 In einer separaten Rührschüssel das Ei mit Öl und Buttermilch verquirlen. Die Mehl-Gemüse-Mischung darauf geben und vorsichtig unterheben.

5 Den Teig in die Förmchen füllen, 20 bis 25 Minuten backen, etwas abkühlen lassen und aus der Form nehmen.

Lachs-Muffins

Fett oder Papierförmchen
   für die Backform
200 g geräucherter Lachs
   in Scheiben
1–2 Schalotten
1/2 Bund Dill
250 g Mehl
2 1/2 TL Backpulver

1/2 TL Salz
1 Ei
60 ml Öl
150 ml Schmand
100 ml Milch
Schwarzer Pfeffer aus der Mühle
100 g Crème fraîche

1 Backofen auf 200 °C vorheizen. Die Muffinförmchen einfetten oder Papierförmchen in die Vertiefungen setzen.

2 Lachsscheiben in kleine Streifen schneiden. Schalotten schälen und fein würfeln. Dill abbrausen und klein schneiden, etwas zum Dekorieren beiseite legen.

3 Mehl und Backpulver in eine Schüssel sieben, mit Salz, Lachs und Schalottenwürfeln vermengen.

4 Das Ei in einer größeren Schüssel mit Öl, Schmand, Milch und Pfeffer verrühren. Die Mehlmischung unterheben und die Masse in die Förmchen füllen.

5 Die Muffins in den Ofen geben und 20 bis 25 Minuten backen. Einige Minuten abkühlen lassen, dann herausnehmen und mit Crème fraîche und Dill garnieren.

Lauch-Schinken-Muffins

Fett oder Papierförmchen
für die Backform
150 g Lauch
100 g gekochter Schinken
am Stück
200 g Mehl
2 1/2 TL Backpulver
50 g Haferflocken

1/2 TL Salz
125 g ger. Käse
1 Ei
60 ml Öl
150 g Jogurt natur
100 ml Milch
Schwarzer Pfeffer aus der Mühle
100 g Crème fraîche

1 Backofen auf 200 °C vorheizen. Die Muffinförmchen einfetten oder Papierförmchen in die Vertiefungen setzen.

2 Den Lauch waschen, putzen und in feine Ringe schneiden, den gekochten Schinken in Würfel schneiden.

3 Mehl mit Backpulver in eine Schüssel sieben, mit Haferflocken, Salz, Käse, Lauch und Schinken vermischen.

4 In einer anderen Schüssel das Ei leicht verquirlen und mit Öl, Jogurt und Milch mischen, anschließend pfeffern. Die Mehlmischung kurz mit einem Spatel unterheben.

5 Den Teig in die Förmchen füllen. Die Muffins in den vorgeheizten Ofen geben und 20 bis 25 Minuten backen. Einige Minuten abkühlen lassen, aus der Form nehmen und mit Crème fraîche servieren.

Mais-Muffins

Fett oder Papierförmchen
für die Backform
150 g Maiskörner aus der Dose
1/2 Bund Petersilie
1/2 rote Paprikaschote
1 Ei
60 ml neutrales Öl

250 ml Buttermilch
Schwarzer Pfeffer aus der Mühle
100 g Mehl
150 g Maismehl
2 1/2 TL Backpulver
1/2 TL Salz
100 g ger. Käse

1 Backofen auf 200 °C vorheizen. Die Muffinförmchen einfetten oder Papierförmchen in die Vertiefungen setzen.

2 Maiskörner in einem Sieb abtropfen lassen. Die Petersilie abbrausen und fein hacken. Die Paprika waschen, putzen und in sehr kleine Würfel schneiden.

3 In einer Schüssel das Ei leicht verquirlen und mit Öl, Buttermilch und frisch gemahlenem Pfeffer verrühren.

4 Mehl, Maismehl, Backpulver und Salz mischen, über die Eimasse sieben und vorsichtig unterheben. Dann Maiskörner, Petersilie und Paprikawürfel unterrühren.

5 Den Teig in die Muffinförmchen füllen. Das Blech in den Ofen geben und 20 bis 25 Minuten backen. Die Muffins einige Minuten abkühlen lassen, anschließend aus der Form lösen und lauwarm servieren.

Mexiko-Muffins

Fett oder Papierförmchen
  für die Backform
1 kleine grüne Paprikaschote
80 g Maiskörner (aus der Dose)
80 g rote Bohnen (aus der Dose)
150 g Mehl
100 g Maismehl
2 ½ TL Backpulver

½ TL Salz
Schwarzer Pfeffer aus der Mühle
½ TL Chilipulver
3–4 EL ger. Käse
1 Ei
60 ml Öl
250 ml Buttermilch

1 Backofen auf 200 °C vorheizen. Die Muffinförmchen einfetten oder Papierförmchen in die Vertiefungen setzen.

2 Paprikaschote putzen und fein würfeln. Einige Würfel zum Verzieren beiseite stellen. Mais und Bohnen abtropfen lassen.

3 Mehl, Maismehl und Backpulver in eine Schüssel sieben, mit Salz, Pfeffer, Chilipulver und Käse mischen.

4 In einer separaten Schüssel das Ei mit Öl und Buttermilch verschlagen. Paprikawürfel, Mais und Bohnen unterrühren und die Mehlmischung unterheben.

5 Den Teig in die Förmchen füllen, mit restlichen Paprikastückchen garnieren. Die Muffins in den Ofen geben und 20 bis 25 Minuten backen. Einige Minuten auskühlen lassen und aus der Form nehmen.

Möhren-Ingwer-Muffins

Fett oder Papierförmchen
   für die Backform
300 g Möhren
200 g Mehl
50 g Speisestärke
2 TL Backpulver

½ TL Natron
½ TL Salz
1 TL frisch ger. Ingwer
1 Ei
60 ml Öl
250 ml Schmand

1 Backofen auf 200 °C vorheizen. Die Muffinförmchen einfetten oder Papierförmchen hineinsetzen. Möhren putzen, waschen und fein raspeln. Gut ausdrücken.

2 Mehl, Speisestärke und Backpulver in eine Schüssel sieben, mit Natron, Salz, Ingwer und den Möhrenraspeln vermengen.

3 Das Ei mit Öl und Schmand verquirlen, die Möhren-Mehl-Mischung unterheben. Den Teig in die Förmchen füllen und etwa 20 bis 25 Minuten backen. Etwas abkühlen lassen und aus der Form nehmen.

Oliven-Tomaten-Muffins

Fett oder Papierförmchen
für die Backform
100 g getrocknete Tomaten
100 g schwarze Oliven ohne Kern
1/2 Bund Basilikum
250 g Mehl
2 TL Backpulver

1/2 TL Natron
1 TL Salz
1 Ei
60 ml Olivenöl
200 ml Buttermilch
Schwarzer Pfeffer aus der Mühle

1 Backofen auf 200 °C vorheizen. Die Muffinförmchen einfetten oder Papierförmchen in die Vertiefungen setzen.

2 Die getrockneten Tomaten fein würfeln und die Oliven in Scheiben schneiden. Das Basilikum abbrausen, die Blättchen abzupfen und klein schneiden.

3 Mehl mit Backpulver in eine Schüssel sieben, Natron, Salz, Tomaten, Oliven und Basilikum unterrühren.

4 Das Ei in einer separaten Schüssel mit Olivenöl, Buttermilch und frisch gemahlenem Pfeffer verquirlen. Die Mehl-Gemüse-Mischung vorsichtig unterheben und den Teig in die Muffinförmchen füllen.

5 Die Muffins 20 bis 25 Minuten backen, bis sie schön aufgegangen und goldbraun sind. Einige Minuten abkühlen lassen, dann aus der Form nehmen und lauwarm servieren.

Paprika-Muffins

Fett oder Papierförmchen
für die Backform
1 rote Paprikaschote
Je ½ grüne und gelbe
Paprikaschote
150 g Mehl
100 g Maismehl
2 ½ TL Backpulver

½ TL Salz
½ TL Paprikapulver
3–4 EL ger. Käse
2 Eier
60 ml Öl
150 g Jogurt natur
100 ml Buttermilch
1 Knoblauchzehe

1 Backofen auf 200 °C vorheizen. Die Muffinförmchen einfetten oder Papierförmchen in die Vertiefungen setzen.

2 Paprikaschoten putzen und fein würfeln. Mehl, Maismehl und Backpulver in eine Schüssel sieben, mit Salz, Paprikapulver und Käse mischen.

3 In einer anderen Schüssel die Eier verquirlen, mit Öl, Jogurt und Buttermilch verschlagen.

4 Die Knoblauchzehe schälen und durch die Presse zu der Eimischung drücken, Paprikawürfel unterrühren und die Mehlmischung unterheben.

5 Den Teig in die Förmchen füllen. Die Muffins 20 bis 25 Minuten backen, bis sie schön aufgegangen und goldbraun sind. Kurz auskühlen lassen und aus der Form nehmen.

Pilz-Muffins

Fett oder Papierförmchen
   für die Backform
200 g frische gemischte Waldpilze
1 Schalotte
1 1/2 EL Butter oder Margarine
200 g Mehl
2 1/2 TL Backpulver

1/2 TL Natron
1 TL Salz
Schwarzer Pfeffer aus der Mühle
50 g Haferflocken
1 Ei
60 ml Öl
250 ml Buttermilch

1 Backofen auf 200 °C vorheizen. Die Muffinförmchen einfetten oder Papierförmchen in die Vertiefungen setzen.

2 Pilze putzen und klein schneiden, Schalotte schälen und fein würfeln. Beides in dem Fett anschwitzen, bis die austretende Flüssigkeit fast verdampft ist.

3 Mehl und Backpulver in eine Schüssel sieben, mit Natron, Salz, Pfeffer und Haferflocken verrühren.

4 In einer anderen Schüssel das Ei mit Öl und Buttermilch verquirlen. Zunächst die Pilze mit den Schalottenwürfeln, dann die Mehlmischung unterheben.

5 Den Teig in die Förmchen füllen. Die Muffins 20 bis 25 Minuten backen, bis sie schön aufgegangen und goldbraun sind. Einige Minuten abkühlen lassen, dann aus der Form nehmen und lauwarm servieren.

Pizza-Muffins

Fett oder Papierförmchen
   für die Backform
125 g Mozzarella
1 Paprikaschote
250 g Mehl
2 TL Backpulver
1/2 TL Natron
1 TL Salz

Schwarzer Pfeffer aus der Mühle
1 TL Oregano
1 Ei
50 ml Olivenöl
150 ml Buttermilch
100 g passierte Tomaten
1 Knoblauchzehe
3 EL ger. Parmesan

1 Backofen auf 200 °C vorheizen. Die Muffinförmchen einfetten oder Papierförmchen in die Vertiefungen setzen.

2 Den Mozzarella abtropfen lassen, die Paprika waschen, putzen und beides klein würfeln.

3 Mehl und Backpulver in eine Schüssel sieben und mit Natron, Salz, Pfeffer und Oregano mischen. Mozzarella und Paprikawürfel unterrühren.

4 In einer anderen Schüssel das Ei mit Öl, Buttermilch und passierten Tomaten verquirlen. Knoblauch schälen und durch die Presse dazudrücken. Die Mehlmischung unterheben und den Teig in die Förmchen füllen.

5 Mit Parmesan bestreuen, 20 bis 25 Minuten backen, etwas abkühlen lassen und aus den Förmchen nehmen.

Quark-Kräuter-Muffins

Fett oder Papierförmchen
    für die Backform
200 g Quark
200 ml Milch
2 EL gehackte Kräuter
    (z. B. Petersilie, Schnittlauch,
    Majoran etc.)

250 g Mehl
2 $\frac{1}{2}$ TL Backpulver
1 TL Salz
$\frac{1}{2}$ TL Kümmel
Schwarzer Pfeffer aus der Mühle
1 Ei
60 ml Öl

1 Backofen auf 200 °C vorheizen. Die Muffinförmchen einfetten oder Papierförmchen in die Vertiefungen setzen.

2 Den Quark in eine kleine Schüssel geben und mit 50 Milliliter Milch und den Kräutern glatt rühren.

3 Mehl und Backpulver in eine Schüssel sieben, mit Salz, Kümmel und Pfeffer mischen.

4 In einer separaten Rührschüssel das Ei mit Öl und der restlichen Milch verrühren. Zunächst 150 Gramm Kräuterquark, dann die Mehlmischung hineinrühren.

5 Den Teig in die Muffinförmchen füllen. Das Blech in den Backofen geben und 20 bis 25 Minuten backen.

6 Die Muffins kurz abkühlen lassen und aus den Förmchen nehmen. Mit dem restlichen Kräuterquark servieren.

Reis-Ananas-Muffins

Fett oder Papierförmchen
für die Backform
100 g Reis mit Wildreis
(Fertigpackung)
1/2 TL Salz
200 g Ananasstücke aus der Dose
1 rote Chilischote

250 g Mehl
2 1/2 TL Backpulver
1/2 TL Salz
Schwarzer Pfeffer aus der Mühle
1 Ei
60 ml Öl
250 ml Buttermilch

1 Backofen auf 200 °C vorheizen. Die Muffinförmchen einfetten oder Papierförmchen in die Vertiefungen setzen.

2 Reis nach Packungsaufschrift in Salzwasser garen. Abtropfen und auskühlen lassen. Ananasstücke in ein Sieb geben, abtropfen lassen und klein schneiden. Chilischote waschen, putzen und sehr klein würfeln.

3 Mehl und Backpulver in eine Schüssel sieben, mit Salz, frisch gemahlenem Pfeffer, Ananas und Chili mischen.

4 In einer Schüssel das Ei mit Öl und Buttermilch verquirlen. Zunächst den Reis, dann das Mehlgemisch unterrühren.

5 Den Teig in die Förmchen füllen. Die Muffins 20 bis 25 Minuten backen, bis sie schön aufgegangen und goldbraun sind. Einige Minuten abkühlen lassen, dann aus der Form nehmen und lauwarm servieren.

Salami-Peperoni-Muffins

Fett oder Papierförmchen
für die Backform
200 g Salami
2 grüne Peperonischoten
250 g Mehl
2 TL Backpulver
1/2 TL Natron
1/2 TL Salz

1/2 TL italienische Kräutermischung
3 EL ger. Käse
1 Ei
50 ml Olivenöl
150 ml Milch
100 g passierte Tomaten
1 Knoblauchzehe

1 Backofen auf 200 °C vorheizen. Die Muffinförmchen einfetten oder Papierförmchen in die Vertiefungen setzen.

2 Die Salami in kleine Würfel schneiden. Die Peperoni waschen, putzen und sehr fein würfeln.

3 Mehl und Backpulver in eine Schüssel sieben. Natron, Salz, Kräuter, Käse, Salami- und Peperoniwürfel untermischen.

4 In einer separaten Schüssel das Ei mit Öl, Milch und passierten Tomaten verrühren. Die Knoblauchzehe schälen und durch die Presse hineindrücken. Die Mehlmischung unterrühren.

5 Den Teig in die Förmchen füllen. Die Muffins 20 bis 25 Minuten backen, bis sie schön aufgegangen und goldbraun sind. Einige Minuten abkühlen lassen, dann aus der Form nehmen und lauwarm servieren.

Schafskäse-Oliven-Muffins

Fett oder Papierförmchen
  für die Backform
Je 50 g schwarze und grüne
  Oliven ohne Stein
150 g Schafskäse
250 g Mehl
2 ½ TL Backpulver

½ TL Salz
1 TL Kräuter der Provence
1 Ei
60 ml Olivenöl
200 ml Buttermilch
Schwarzer Pfeffer aus der Mühle

1 Backofen auf 200 °C vorheizen. Die Muffinförmchen einfetten oder Papierförmchen hineinsetzen. Oliven und Schafskäse in kleine Würfel schneiden.

2 Mehl und Backpulver in eine Schüssel sieben, mit Salz, Kräutern, Oliven und Schafskäse verrühren. In einer anderen Schüssel das Ei mit Öl und Buttermilch verquirlen, pfeffern und die Mehlmasse unterheben.

3 Den Teig in die Muffinförmchen füllen, 20 bis 25 Minuten backen. Vor dem Herausnehmen aus der Form einige Minuten abkühlen lassen.

Speck-Muffins

Fett oder Papierförmchen
  für die Backform
200 g Schinkenspeck
1–2 Knoblauchzehen
150 g Mehl
2 TL Backpulver
½ TL Natron
100 g Vollkornhaferflocken

¼ TL Salz
½ TL Paprika- oder Chilipulver
Schwarzer Pfeffer aus der Mühle
1 Ei
60 ml Olivenöl
250 ml Buttermilch
3 EL ger. Käse

1 Backofen auf 200 °C vorheizen. Die Muffinförmchen einfetten oder Papierförmchen in die Vertiefungen setzen.

2 Den Speck würfeln und in einer heißen Pfanne etwas auslassen. Knoblauch schälen, fein würfeln und kurz mit dem Speck schwenken.

3 Mehl und Backpulver in eine Schüssel sieben. Natron, Haferflocken, Salz, Paprika- oder Chilipulver und frisch gemahlenen Pfeffer untermischen.

4 In einer separaten Schüssel das Ei mit Öl und Buttermilch verrühren. Zunächst die Speckwürfel, dann die Mehlmischung vorsichtig unterheben.

5 Den Teig in die Förmchen füllen, 20 bis 25 Minuten backen, etwas abkühlen lassen und aus den Förmchen nehmen.

Tomaten-Mozzarella-Muffins

Fett oder Papierförmchen
für die Backform
12 sehr kleine, feste Tomaten
2 Knoblauchzehen
1 Prise Salz
Schwarzer Pfeffer aus der Mühle
½ Bund Basilikum

1 Ei
50 ml Olivenöl
250 ml Buttermilch
250 g Mehl
2 TL Backpulver
1 Prise Salz
125 g Mozzarella

1 Ofen auf 200 °C vorheizen. Die Förmchen einfetten. Tomaten waschen, die Deckel abschneiden und das Innere herauslöffeln. Knoblauch schälen und durch die Presse zu dem Tomateninneren drücken. Mit etwas Salz und Pfeffer verrühren. Basilikum abbrausen, die Blättchen abzupfen und klein schneiden. Ebenfalls unter die Tomatenmasse mischen und diese wieder in die Tomaten füllen.

2 Das Ei mit Öl und Buttermilch verquirlen. Mehl, Backpulver und Salz mischen und auf die Eimasse sieben. Alles kurz vermengen und in die Förmchen füllen. Jeweils eine Tomate in den Teig drücken und in den Ofen geben.

3 Unterdessen den Mozzarella abtropfen lassen und in kleine Scheiben schneiden. Nach 20 Minuten auf jede Tomate eine Mozzarella-Scheibe legen und weitere 5 bis 10 Minuten backen. Die Muffins 5 bis 8 Minuten abkühlen lassen und aus den Förmchen nehmen.

Zwiebel-Käse-Muffins

Fett oder Papierförmchen
  für die Backform
200 g Zwiebeln
70 ml Öl
250 g Mehl
2 TL Backpulver

1 TL Salz
Schwarzer Pfeffer aus der Mühle
100 g ger. Käse
1 Ei
250 ml Buttermilch

1 Backofen auf 200 °C vorheizen. Die Muffinförmchen einfetten oder Papierförmchen hineinsetzen. Zwiebeln schälen, fein würfeln und mit 1 Esslöffel Öl glasig dünsten.

2 Mehl und Backpulver in eine Schüssel sieben, mit Salz, frisch gemahlenem Pfeffer und Käse mischen.

3 Das Ei mit dem restlichen Öl und der Buttermilch verquirlen. Zwiebeln unterrühren. Die Mehlmischung vorsichtig unterheben und den Teig in die Muffinförmchen füllen.

4 Das Blech in den Ofen geben. 20 bis 25 Minuten backen. Etwas abkühlen lassen und aus den Förmchen lösen.

Zwiebel-Muffins

Fett oder Papierförmchen
für die Backform
200 g Zwiebeln
80 ml Öl
1 Bund Schnittlauch
1 Ei

200 ml Buttermilch
Schwarzer Pfeffer aus der Mühle
250 g Mehl
2 TL Backpulver
1 TL Salz

1 Backofen auf 200 °C vorheizen. Die Muffinförmchen einfetten oder Papierförmchen hineinsetzen. Zwiebeln schälen, fein würfeln und mit 1 Esslöffel Öl glasig dünsten. Schnittlauch waschen und klein schneiden.

2 Das Ei mit dem restlichen Öl, Buttermilch und Pfeffer verquirlen. Schnittlauch und Zwiebeln unterrühren. Mehl, Backpulver und Salz mischen, über die Eimischung sieben und vorsichtig untermengen.

3 Teig in die Muffinförmchen füllen und 20 bis 25 Minuten backen. Etwas abkühlen lassen, aus den Förmchen lösen und lauwarm servieren.

Über dieses Buch

Die Autorin

Ricarda Nolte ist freiberufliche Autorin und Fachjournalistin auf den Gebieten Beauty, Wellness und Ernährung. Sie studierte Ethnologie, Anthropologie und Kommunikationswissenschaften und arbeitete zunächst als Redakteurin bei einem Münchner Food-Verlag, bevor Sie sich 1997 selbstständig machte. Seitdem sind mehrere Bücher von ihr erschienen.

Haftungsausschluss

Die Inhalte dieses Buches sind sorgfältig recherchiert und erarbeitet worden. Dennoch kann weder die Autorin noch der Verlag für die Angaben in diesem Buch eine Haftung übernehmen.

Impressum

Es ist nicht gestattet, Abbildungen und Texte dieses Buches zu digitalisieren, auf PCs oder CDs zu speichern oder auf PCs/Computern zu verändern oder einzeln oder zusammen mit anderen Bildvorlagen/Texten zu manipulieren, es sei denn mit schriftlicher Genehmigung des Verlages.

Weltbild Buchverlag, Augsburg
© 2000 Weltbild Verlag GmbH, Augsburg
3. Auflage 2000
Alle Rechte vorbehalten

Redaktion: Dr. Bettina Gratzki · München
Umschlag: GROUP your advertizing GmbH, Oliver Berchtold · München
Titelbild: Helga Florian · München
Illustrationen: Manuela Sacher · Augsburg
Layout: Nina Engel
DTP/Satz: Dirk Risch, München
Reproduktion: Repro Mayr · Donauwörth
Druck und Bindung: Clausen & Bosse · Leck

Gedruckt auf chlorfrei gebleichtem Papier

Printed in Germany

ISBN 3-89604-315-3

Alle Rezepte von A bis Z